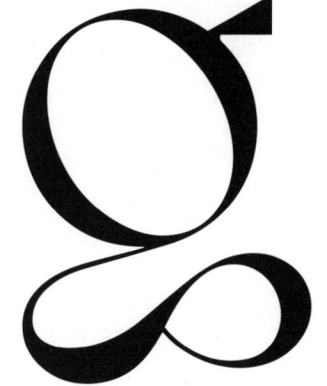

MAGAZINE G ISSUE 3
우리는 왜 여행하는가?

CONTENTS

프롤로그 ... 7

TENDENCY (SECTION 1)

·떠나지 않고 여행자가 될 수는 없다	인권	김원영(변호사)	12
·여행이 멈춰버린 시대, 일상에서 여행의 끈을 놓지 않는 방법	에세이	전명윤(여행작가)	20
·여행하는 마음	그림에세이	임희선(작가)	27
·두 도시 이야기	그래픽노블	정하진(작가)	32

SURROUNDINGS (SECTION 2)

·관광을 즐기지 않는다	사회	기시 마사히코(사회학자)	40
·고고학자의 '짠내투어'	역사	강인욱(고고학자)	50
·여행은 무엇을 하는가?	문화비평	박세진(인류학자)	58
·당신은 모르는 여행	예술비평	안진국(미술평론가)	65

INSPIRING (SECTION 3)

·타인의 풍경	문학	김선오(시인)	76
·사진이 도달한 곳	사진에세이	이민지(사진가)	86
·투자자 민영하 씨의 사례	SF소설	심너울(소설가)	92
·[스트레인저 싱스] 기묘한 나와 더 기묘한 사회의 심리학 1 – 뭉치거나 떠나거나	신경인류학	박한선(신경인류학자)	101

MECHANISM (SECTION 4)

·왜 우리는 떠나고 싶어 할까	뇌과학	김대식(뇌과학자)	116
·역동적 균형 속의 이동 : 해방을 향한 이동인가, 몰락을 향한 이동인가	기술공학	전현우(교통 연구자)	122
·달로 가는 여행	우주공학	황정아(물리학자)	132
·예민한 여행자들	의학	전홍진(정신건강의학 전문의)	140
·그때 그곳의 맛 : 여행이 추억되는 방식	문화	정연주(푸드 에디터)×편집부	149

INNER SIDE (SECTION 5)

·이번 생 나의 여행	영성·철학	한자경(철학자)	164
·폐사지로 떠나는 시간 여행	칼럼	윤광준(작가)	174
·여행은 황혼을 모른다	회상기	임준수(언론인)	180

에필로그 ... 186
컨트리뷰터 ... 188

프롤로그

혼자 함께
김대식(뇌과학자)

얼마 전 친한 지인이 중요한 일정 때문에 어쩔 수 없이 해외에 다녀왔습니다. 출장과 여행이 모두 쉽지 않은 코로나 시대. 특히 귀국 후 2주간의 자가 격리는 무척 힘들어 보였습니다. 사랑하는 가족을 만날 수 없고, 마치 감옥에 갇힌 듯 매일 문 앞에 두고 간 배달음식을 먹어야 했으니 말입니다. 길고 긴 14일을 보내고 다시 세상에 나온 그는 말로 표현할 수 없는 자유와 행복을 느꼈다고 합니다. 그런데 갑자기 이런 생각이 들었다더군요. 아무리 발버둥 쳐도 평범한 우리는 절대 밖으로 나갈 수 없는 '지구' 역시 또 하나의 감옥 아닌가?

그렇습니다. '지구'라는 거대한 감옥 안에 있는 '대한민국'이라는 감옥. 그리고 그 감옥 안에 있는 '집'과 '나'라는 감옥. 어쩌면 우리 인생 그 자체가 무한으로 반복되는 감옥들의 꼬리 물기일 수도 있겠습니다. 그래서일까요? 기회만 되면 어딘가로 훌쩍 떠나고 싶은 우리. 떠나면 불편하고 익숙한 고향이 다시 그리워질 거라는 사실을 너무나 잘 알면서 또 떠나고 싶어 하는 정말 대책 없는 우리입니다.

자유롭게 떠날 수 없는 날이 계속될수록 명확해지는 점이 하나 있습니다. 이곳 아닌 그곳, 익숙한 곳 아닌 낯선 곳, 가본 적 없거나 다시 가고 싶은 곳을 그리고 꿈꾸는 것이 인간 본연의 욕망이라는 사실입니다. 호모 비아토르(Homo Viator), '여행하는 인간.' 철학자 가브리엘 마르셀이 우리 인간 종에 덧붙인 학명에 고개가 절로 끄덕여지는 이유입니다.

다시 자유롭게 여행할 날을 손꼽아 기다리며 모두가 긴 숨 고르기에 들어간 이 휴식기에 ≪매거진 G≫는 여행의 의미를 차분하게 묻습니다. 여행이란 무엇일까. 무엇이 우리를 여행길에 나서게 할까. 우리는 무엇을 바라며 여정에 오르고, 그곳에 도착하고 나서, 또 이곳으로 돌아오고 나서 무엇을 얻게 될까. 여행자가 누리는 특권, 미지의 세계로 향해 걷는 자가 얻는 통찰을 앞당겨 담아 나눕니다.

첫째 섹션인 TENDENCY에서는 '여행 중단'이라는 상황에서 파생하여 지금 우리 주변에서 일어나는 일들을 살펴봅니다. 변호사 김원영은 몸으로 직접 감각할 기회가 점점 사라지는 오늘날, '찾아가는' 서비스를 거부하며 '이동권'을 추구하는 이들에게 여행이 어떤 의미일지 생각합니다. 여행작가 전명윤은 여행이 멈춰버린 지난 1년간 추억의 끈을 놓지 않기 위해 자신이 취한 일들을, 작가

임희선은 규칙적인 일상에서 안정을 느끼던 자신이 과거 여행들에서 깨달았던 바를 회고합니다. 코로나19 이후 봉쇄된 국경을 오가며 살아가는 작가 정하진은 '벽지를 바꾸는 것'처럼 새로운 변화가 필요한 지금 우리의 상황을 그래픽노블로 표현했습니다.

둘째 섹션인 SURROUNDINGS에서는 일상의 경계에서 한 발짝 벗어나 여행을 고찰합니다. 사회학자 기시 마사히코는 단순히 관광지로만 볼 수 없는, 아픈 역사를 간직하고 있는 오키나와에 얽힌 이야기를 들려줍니다. 고고학자 강인욱은 〈인디아나 존스〉처럼 즐겁겠다고 생각되지만 실상은 충분한 체력과 오타쿠적 감성이 있어야 버틸 수 있는 고고학자의 고된 여행을 소개합니다. 인류학자 박세진은 일상의 탈출구처럼 여겨지지만 사실 '소비 순례'와 다름없는 여행의 작동 양상을 분석하고, 미술평론가 안진국은 시공간을 자유롭게 넘나드는 '미술'과 '데이터'의 여행이 감추고 있는 바를 파헤칩니다.

셋째 섹션인 INSPIRING에서는 여행에 대한 생각의 차원을 더욱 확장합니다. 시인 김선오는 타지에서 타인으로서 겪은 일을 '문학'에 반영하는 태도를 반성적으로 숙고하고, 사진가 이민지는 여행 중 우연히 찍은/찍힌 사진을 매개로 과거와 현재가 접하는 상황을 고찰합니다. 소설가 심너울은 여행의 기억을 마음대로 떠내고 각인할 수 있게 된 미래 세상을 상상해보고, 신경인류학자 박한선은 탄자니아국립공원에서 벌어진 '침팬지 전쟁' 사례를 참고하여 떠나거나 뭉치기를 반복하는 인간의 오랜 습성을 생각해봅니다.

넷째 섹션인 MECHANISM에서는 여행의 시작과 과정을 뒷받침하는 요인들을 살펴봅니다. 뇌과학자 김대식은 인류가 미지의 세계로 부단히 이끌리는 까닭을 문명사와 뇌과학의 관점에서 생각해보고, 교통 연구자 전현우는 '이동'에 잠재되어 있는 해방적 힘과 몰락의 위험을 두루 따져봅니다. 물리학자 황정아는 달 여행과 화성 여행을 실현하기 위한 지금 인류의 시도들을, 정신건강의학 전문의 전홍진은 성격이 예민한 사람이 여행 시 꼭 유념해야 할 사항들을 살펴봅니다. 푸드 에디터 정연주와 편집부는 '맛의 기억'을 통해 여행을 추억하는 일을 이야기해보았습니다.

다섯째 섹션인 INNER SIDE에서는 노련한 여행자들에게서 오래된 여정과 오래된 장소, 오래된 인연에 대한 이야기를 들어봅니다. 동서양을 오가며 사유의 여행을 해온 철학자 한자경, 익숙한 장소와 공간에서 새로움을 길어 올리는 작가 윤광준, 한때의 추억과 인연을 소중히 간직하며 이어가는 언론인 임준수, 이 세 사람의 내밀한 이야기를 담아 전합니다.

혼자 떠나는 여행은 편하고 자유롭지만 외롭습니다. 반대로 누군가와 함께 떠나는 여행은 외롭지는 않지만 불편하고 자유롭지 않습니다. 그렇기에 '혼자 함께' 떠나는 여행을 가장 바람직하다고 주장한 철학자 쇼펜하우어의 말을 되새기며 이렇게 물어볼 수 있겠습니다. 여러분은 누구와 함께 인생이라는 긴 여정을 향해 '혼자 함께' 떠나시겠습니까?

SECTION 1 / TENDENCY

- 떠나지 않고 여행자가 될 수는 없다   인권   김원영(변호사)
- 여행이 멈춰버린 시대, 일상에서
  여행의 끈을 놓지 않는 방법   에세이   전명윤(여행작가)
- 여행하는 마음   그림에세이   임희선(작가)
- 두 도시 이야기   그래픽노블   정하진(작가)

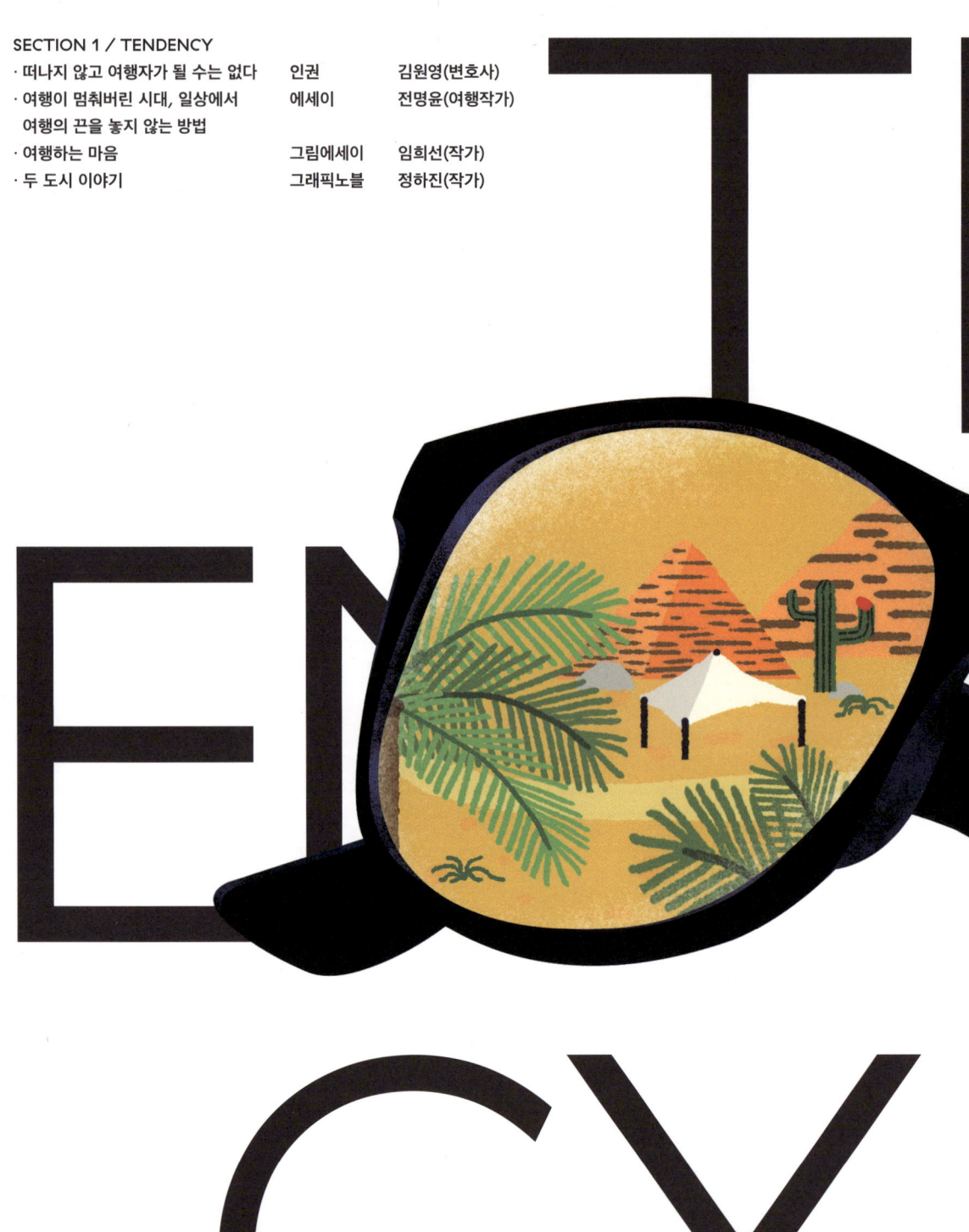

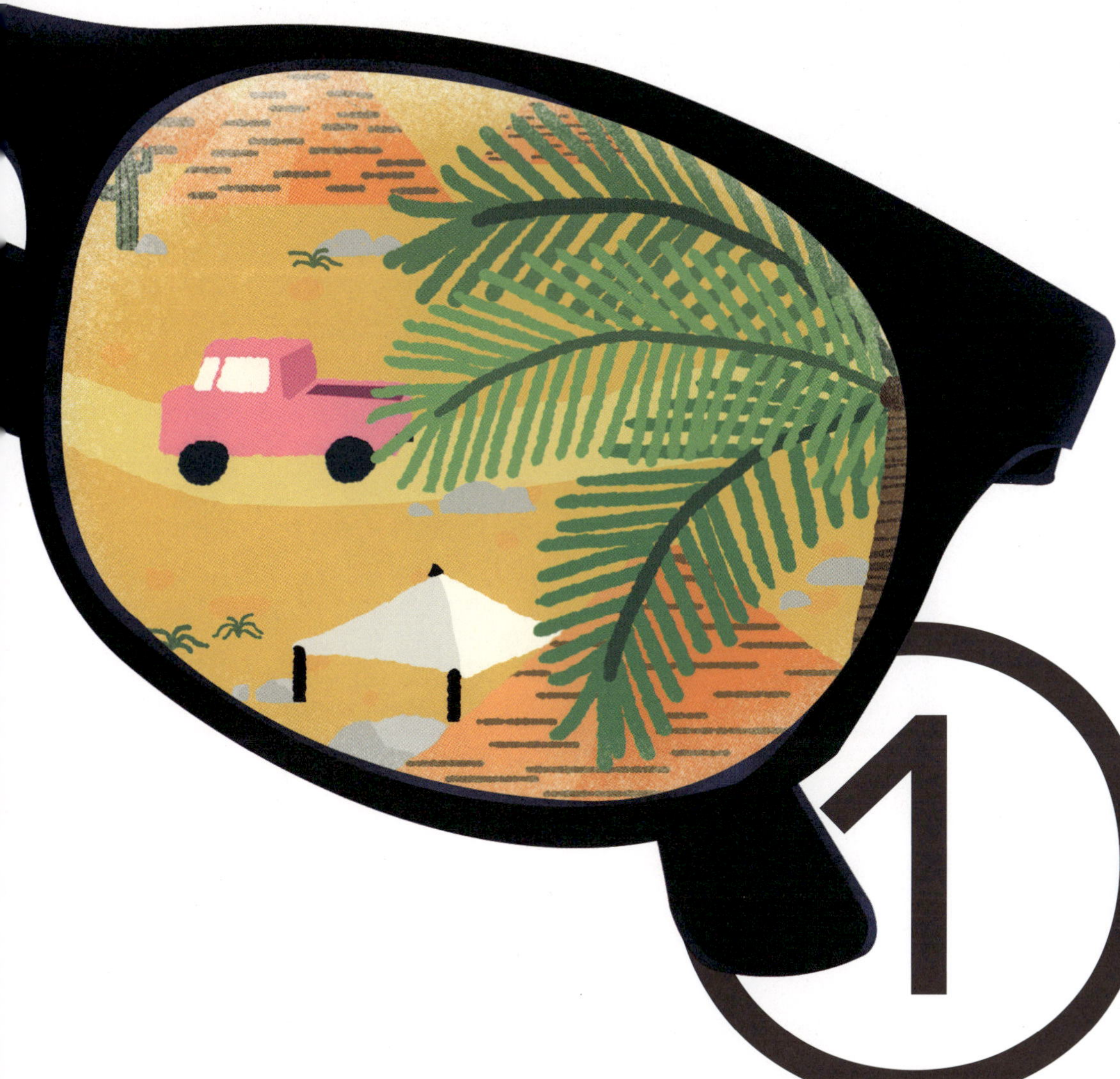

떠나지 않고 여행자가 될 수는 없다

We Can Not Be Travelers Without Leaving

김원영(변호사)

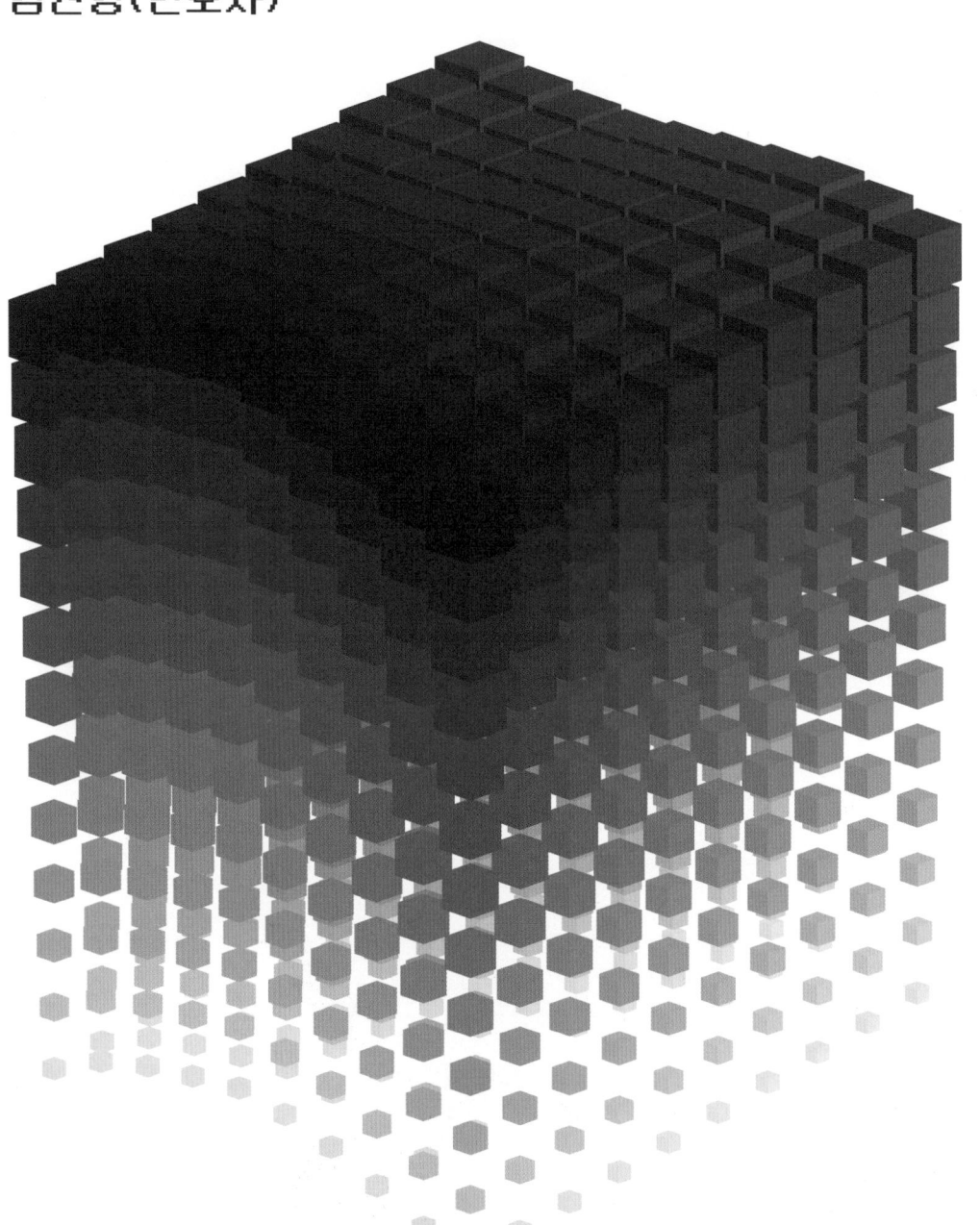

QUESTION 1 　　　　　　　　인권

너무 보이기보다, 보이지 않는

지난해 국내의 한 IT 기업은 휠체어에 앉은 아동이 증강현실(AR)❶을 통해 창덕궁을 관람하는 이야기를 담은 광고를 공개했다. 궁 내부에는 계단과 요철이 있어 휠체어를 타고 둘러보는 일이 쉽지 않은데, 5G 통신망과 증강현실 기술의 힘으로 아이가 창덕궁을 더 자유롭고 풍요롭게 즐긴다는 내용이었다. 광고의 표어는 "모든 사람이 어디든 갈 수 있고, 무엇이든 볼 수 있는 세상"이었다. 많은 이들이 광고 영상에 감동을 받았다는 코멘트를 남겼는데 일부는 강하게 비판했다. 아이가 휠체어를 타고 진입하도록 환경을 개선하고 이동을 돕는 경사로를 설치하는 일이 더 중요하고 간편한 해법임에도, 굳이 첨단 기술을 홍보하기 위해 비현실적인 설정을 동원했다는 것이다.

나는 이런 비판이 다소 과하다고 생각한다. 기업은 지금의 조건에서 장애를 가진 아이의 여행이 더 흥미진진한 경험이 되도록 기술로 도움을 주었을 뿐이다. 여기에 어떤 악의는 없다. 다만 '이동'은 장애인에게 언제나 삶의 화두였고, 적어도 20여 년 전부터는 장애인의 인권을 상징하는 정치적 표어였다는 점에서 비판이 제기된 배경을 이해할 필요가 있다. 이동하지 않아도 괜찮은 서비스와 기술에 대한 이야기는 자칫 나를 비롯한 많은 장애인이 거쳐왔던 과거를 떠올리기 때문이다. 이를테면 학교에서, 집에서, 친구들 사이에서 (어떠한 악의도 없었던 이들에게서) 들었던 "너는 몸도 불편한데 안 가도 괜찮아. 정말로 무리할 필요 없어. 우리가 사진 많이 찍어 올게" 같은 친절한 이야기들을.

증강현실 기술이 보여주는 세계가 곧 이동이 필요 없는 온라인 중심의 삶을 의미하지는 않는다. 이 기술을 통해 우리는 어떤 장소로 가서, 그 장소에 더 강렬한 경험을 부여하는 디지털 세계와 통합된다. 가상현실이 물리적 이동을 더욱 촉발하거나 물리적 이동이 가상공간의 경험을 더 다채롭게 만들 수도 있다(현실의 쇼핑몰에 가서 포켓몬을 사냥하는 게임이 그

1.
증강현실(Augmented Reality)은 가상현실(Virtual Reality)의 한 분야로서, 눈에 보이는 현실에 가상의 정보나 이미지를 합쳐서 보여주는 기술을 뜻한다. "현실 공간 위에 정보가 덧붙는 방식이기 때문에 투명 글라스 혹은 스마트폰 카메라 등이 함께 사용"된다["현실에서 디지털 세계를 만나다, 가상현실(VR)과 증강현실(AR)의 경계는?", 삼성반도체이야기 www.samsungsemiconstory.com/2280 참조].

QUESTION 1

인권

떠나지 않고 여행자가 될 수는 없다

김원영 (변호사)

TENDENCY

초보적인 예다).❷ 하지만 어느 경우든, 우리 앞에 펼쳐지는 공간 경험은 '시각'을 중심으로 재편된다. 최첨단 기술로 구현된 미래형 메타버스(metaverse, 현실과 가상이 혼합된 세계)까지 상상하지 않아도 이미 그렇다. 우리 눈은 쉴 틈이 없다. 시각(그리고 청각)을 제외하면 다른 감각은 정보의 양이 얼마가 되든, 그 종류가 무엇이든 거의 활용되지 않는다. 스마트폰의 감촉은 언제나 차이가 없지만 무한한 정보를 담은 이미지와 텍스트가 그 안에서 우리 눈으로 넘치도록 흘러든다.

미디어아티스트 송예슬은 커다란 검지와 손등 위에 큰 눈이 달린 이미지를 그렸는데, 우리의 몸이 마치 그 이미지처럼 존재하는 것 같아서라고 한다. 디스플레이를 터치하는 손가락 끝과 눈 외에는 몸의 다른 감각을 사용할 일도, 스스로 그러한 감각이 있다고 경험하는 일도 드물기 때문이다. 이러한 문제의식에서 출발하여 그는 최근 김해의 한 미술관에서 〈보이지 않는 조각〉이라는 작품 전시회를 열었다.❸ 조각을 눈이 아니라 소리, 온도, 냄새, 생각으로 경험하는 흥미로운 작업이다. 이 전시를 관람하러 미술관에 온 사람들은

2.
피터 애디 저, 최일만 역, 《모빌리티 이론》, 앨피, 2019년, 384쪽.

3.
이 이야기는 서울문화재단이 2021년 5월 7일 주최한 "기술과 장애의 불안한 동행" 포럼에서 송예슬 작가가 직접 발표한 내용에 기반을 둔다. 송예슬의 〈보이지 않는 조각〉은 클레이아크김해미술관에서 "시시각각; 잊다 있다"라는 제목으로 2021년 4월 2일부터 같은 해 8월 29일까지 전시됐다.

SECTION 1

'관람'이 아닌 다른 방식으로 조각의 모양을 파악해야 한다. 미술관 전시 공간에는 실제로 눈에 보이는 조각들이 하나도 없다. 관람객이 헤드셋을 끼고 텅 비어 보이는 전시대 위에 손을 가져다 대면, 손이 닿는 위치마다 각기 다른 높낮이와 음색을 띤 소리가 난다. 소리 대신 손이 닿는 부분마다 다른 온도의 공기가 느껴지는 전시대도 있다. 자기 손이 '닿는' 위치와 소리의 크기, 질감, 온도의 차이를 통해 보이지 않지만 존재하는 조각의 모양을 관람객은 각자 파악한다.

　　　이 전시를 준비하며 작가와 미술관 측은 시각장애인 열 명을 초대했다. 시각장애인으로서 시각이 아닌 감각으로 세계를 지각하는 일 자체는 대단히 특별한 경험이 아닐 수도 있지만, 온도나 냄새 등 다양한 감각에 주목하기를 요청하는 이 전시에 초대받은 시각장애인들은 모두 즐겁게 참여한 듯 보였다. 시각장애인들이 미술관이라는 장소로 이동했다는 사실 자체도 내가 보기에는 무척 중요하다. 미술관은 시각을 사용하지 않는 사람들과는 가장 거리가 먼 공간이지만, 이 전시를 계기로 시각장애인이 미술관으로 이동함으로써 미술관의 의미도 이동(확장)한다.

TENDENCY

〈보이지 않는 조각〉은 창덕궁을 증강현실로 즐기는 여행 콘텐츠와 마찬가지로 미디어 테크놀로지의 힘을 빌린다. 그러나 차이가 있다. 전자는 여행자(관람객)에게 기존에 자신이 지각하던 방식의 세계를 떠날 것을 요청한다. 반면 후자는 사람들이 기존의 위치를 떠나지 않아도 즐거운 콘텐츠를 기꺼이 제공한다. 전자는 여행자(특히 시각장애인 관람객)의 감각이 공간(미술관)의 의미를 증폭하고 확장한 반면, 후자는 공간의 콘텐츠가 여행자의 감각을 결정한다. 나는 〈보이지 않는 조각〉을 여행으로, 증강현실을 통한 창덕궁 관람을 관광이라고 구별해 부르고 싶다.

이동을 위해 이동하는

아동 시절 나의 행동반경은 집이 전부였고, 청소년기 장애 학생을 위한 특수학교에 입학한 후에는 학교와 생활관이 이어진 장애인복지시설이 세상의 다였다. 걸을 수 없는 나에게 바깥세상은 차단되어 있었지만, 나는 늘 밖으로 나가고 싶었다. 여행을 원하는데 자신의 공간을 떠날 수 없다면 익숙한 감각을 떠나야 한다. 이를테면 모든 것이 눈에 익은 일상의 공간에 놓인 사물들을 '만지려' 애써보는 식이다. 복지시설의 복도에는 벽을 따라 보행보조용 핸드레일이 있었고, 사각형 건물 가운데 작은 정원에는 나무와 벤치가 있었다. 나는 그것들을 각각 손으로 쓰다듬고 강하게 쥐어도 보았다. 학교 건물과 연결된 병원의 자판기와 공중전화기 등도, 표면이 얼마나 차갑고 거친지 손을 얹어 느껴보았다. 그렇게 좁은 공간을 다른 감각으로 탐색하면서 여행자의 기분을 느끼려 했다. 물론 쉽지 않았고 금방 한계가 왔다.

내가 2020년대의 청소년이라면 장애가 있든 없든, 좁은 복지시설에 살든 그렇지 않든, 드넓은 사이버스페이스가 기다리고 있을 것이다. 전 세계 2억 명의 사람들이 가상공간에서 각자의 아바타로 만나는 SNS '제페토'의 이용자 가운데 88퍼센트는 10대다. 앞으로 발전할 가상현실 기술은 이 공간을 더욱 생생하고 풍요롭게 가꿀 것이다.

장애인복지시설에서 생활하는 10대 청소년도 괜히 구석구석을 손으로 만지고 다닐 이유가 없을 뿐 아니라, 굳이 복지시설 밖으로 나갈 시도를 하지 않아도 될 것이다. 사이버공간은 충분히 재밌고, 빠르고, 무궁무진하다. 다만 이 경우 몸 전체가 (송예슬의 그림처럼) 거대한 눈과 디스플레이를 터치하는 손끝으로 축소될 가능성을 감수해야 한다. 탁월한 가상현실 기술 앞에서는 사물들을 만지고 쓰다듬는 감각이 들어설 자리가 거의 없다.❹

장애인들의 바깥을 향한 욕망은 1990년대 말부터 불붙기 시작했고, 이것은 '이동권 투쟁'이라는 이름으로 한국 인권운동사에 기록된 정치적 투쟁으로 전개되었다. 당시는 (나를 포함해) 장애인들 대부분이 복지시설에서 살았고, 그렇지 않은 사람들은 집에 머문다는 뜻의 재가(在家)장애인이라고 불리던 때였다. 이동에 대한 요구는 우선 삶의 모든 영역에 접근하는 수단이라는 점에서 중요했다. 교육이나 일, 의료서비스에 접근하기 위해 우리는 이동해야 한다. 그러나 어떤 목적을 위한 수단으로서뿐 아니라 이동은 그 자체로도 중요했다. 교육이나 일, 의료서비스, 문화예술 공연 등이 집으로, 복지시설로 '찾아가는' 서비스가 당대 자주 이야기되었고 실제로 도입되었다. 그러나 장애인 이동권 운동은 이런 서비스를 거부했다. 이런 맥락에서 이동이란 곧 앞에서 말한 여행과 다름없다. 맞춤형으로 내가 사는 공간까지 제공되는 콘텐츠를 거부하고, 무엇이 있을지 알지도 못하는 바깥세상을 향해, 익숙한 감각과 장소를 떠나는 여행 말이다. 여행의 목적이 오직 여행이듯, 오로지 이동하기 위해서 이동하기로 결심한 사람에게는 "불편한데 굳이 무리하지 말고 거기 있어요. 좋은 거 사서 찾아갈게요." 같은 말이 통하지 않았다.

4. 물론 현대 가상현실 기술은 후각은 물론이고 촉각의 대상을 구현하는 방향으로도 나아가는 중이다. 햅틱스(Haptics)라고 불리는 이 기술은, 이를테면 디스플레이 표면에 물리적으로 만질 수 있는 촉각적 질감을 재현한다. 늘 그랬듯 이러한 기술은 생각보다 가까운 미래에 실현될지도 모른다. 그럼에도 스크린에서 포효하는 거대한 괴수의 거친 피부를 디스플레이에서 느끼는 정도를 넘어서는, 가상현실 헤드셋을 쓰고 360도 모든 방향에서 시각 이미지의 폭포수를 맞는 것과 같은 수준으로 가상의 대상에게 촉각을 느끼는 일은 아주 먼 미래에나 가능할 것이다.

2006년에 나는 복지시설에 더는 머물지 않고 대학에 있었고, 청년들을 위한 단기 해외연수 프로그램에 선정되어 이탈리아까지 갈 기회를 얻었다. 그때 영문학을 전공하는 시각장애인 대학생 A를 만났다. 유럽을 처음 방문한 나는 로마의 도로와 건물 하나하나에 눈을 고정하고 정신을 차리지 못했고, A 역시 일정 내내 무척 즐거워 보였다. 전맹 시각장애인인 A는 로마와 피렌체의 건물과 나무들, 사람들의 모습을 시각으로 감지하지는 못했지만 모든 공간에 누구보다 호기심을 가지고 여행했다. 음식과 사람들, 건물의 손잡이와 자동차 시트를 기꺼이 만졌다. 바티칸박물관에 간 날, 박물관 측이 A에게 오래된 조형물을 포함해 전시물 대부분을 손으로 만져보도록 허락했다. 당연히 A의 얼굴은 흥분과 기대로 한껏 들떴다. 이탈리아어와 영어, 프랑스어, 일본어와 한국어 등이 사방에서 들리는 그 장소에서, 내가 교과서에서나 보던 조각상들과 천장에 그려진 〈천지창조〉를 휘둥그레진 눈으로 올려다보는 사이에 A는 그 공간을 듣고 만지고 느꼈다. 여행 중 A는 이동하는 버스에서 우리에게 셰익스피어의 시를 암송해주었다. 아마 그날이 바티칸박물관을 갔던 날이었을 것이다. 평소에도 영문학을 사랑하고 열심히 공부했던 A가 유럽 문화의 정수를 손끝에 듬뿍 담은 직후 읽어주던 셰익스피어의 시를, 차 안에 있는 모두가 넋을 놓고 들었다.

새로운 정보통신기술이 열어줄 세계를 나는 기대하지만, 이러한 기술들이 우리의 많은 경험을, 그중에서도 여행을 대체하거나 보완하는 세상을 상상하며 A를 떠올린다. 코로나19의 대유행을 거치며 우리 일상은 빠르게 비대면을 중심으로 재편되고 있다. 가상현실이나 증강현실, 메타버스 같은 용어는 먼 미래의 이야기가 아니다. 새로운 기술을 통해 우리가 경험하고 획득하게 될 무궁한 삶의 영역이 존재할 것이다. 그러나 이 삶이 촉각을 소거한 세계라면 A는 여행할 수 있을까? 굳이 이동하지 않아도 각종 콘텐츠를 알아서 집으로 쏟아부어주는 세계라면, 장애인들이 정말로 더 넓은 세계로 자유롭게 나아가리라고 말할 수 있을까? "괜히 불편한데 무리하지 마. 우리가 사진 많이 찍어다 줄게"라고 말하는 선량하고 친절한 친구들 앞에서도 바깥세상을 온몸으로 탐험하기 원했던 여행자들을, 우리는 앞으로도 만날 수 있을까?

떠나지 않고 여행자가 될 방법은 없다. 익숙한 장소, 익숙한 감각, 익숙한 질서로부터 이동하지 않아도 훌륭한 기술과 콘텐츠에 힘입는다면 즐거운 관광객이 될 수는 있을 것이다. 그러나 언제까지고 여행자가 되지는 못할 것이다. 보이지 않는 것을 보려는 시도, 어울리지 않아 보이는 공간을 향해 이동하지 않을 수 없는 이동, 모르는 것을 신나게 만져보는 마음, 이런 것들이 우리를 여행자로 만든다.

QUESTION 2
에세이

여행이 멈춰버린 시대,
일상에서 여행의 끈을
놓지 않는 방법

Train of travel memories

전명윤
여행작가

Photo by Caroline Selfors on Unsplash

2020년 2월 23일, 뭄바이를 거쳐 인천공항으로 돌아온 뒤 나에게도 여행이 멈춰버렸다. 1996년 12월 첫 여행을 떠난 뒤로 이렇게 오래 여행을 쉰 적은 처음이다. 죽기 전까지 절대 변하지 않을 것만 같았던 여행의 끈은 이렇게 외부적 요인에 의해 갑자기 툭, 끊어져버렸다. 이 글을 쓰는 시점으로부터 431일. 1년하고도 두 달간 여행과 단절된 채 살고 있다. 가끔 지인들로부터 질문을 받는다.

"코로나 블루 안 오셨어요? 저는 종종 와요. 여행이 직업이 아닌 저도 이러는데 작가님은 오죽하실까?"

미안하지만 아직 거기까지는 아니에요, 라고는 차마 대답하지 못했다. 이 질문의 의도는 "저도 죽겠어요"라는 답을 얻기 위함일 테고, 굳이 그의 질문 의도를 배반할 이유도 없기 때문에.

2020년 봄까진 꽤 좋았다. 전 세계 대부분의 국가가 록다운을 경험했다. 그전까지 당연할 것 같았던 모든 일상이 하루아침에 붕괴하는 체험을 했다. 한국이야 거기까진 안 갔다지만, 인도 그리고 유럽의 많은 나라는 한동안 집 밖으로 나가는 것조차 제한을 받아야 했고, 행정 단위를 넘어가기 위해서는 정부의 허가가 필요했다.

하지만 그 덕에, 물론 누군가는 경제활동을 못 하고 빈곤의 끝에 있는 사람들일수록 더 힘들었을 시간이었지만, 그 고통 속에서 우리는 어느 해보다 푸르른 하늘을 볼 수 있었다. 봄이면 늘 찾아오는 손님 같던 미세먼지 없는 대기 속에서 원래의 연둣빛과 원형의 분홍, 빨강, 보라, 파랑을 볼 수 있었다.

불현듯 맞이한 첫 번째 봄이라, 그리고 그때만 해도 모아놓은 게 좀 있어서 그랬는지 모르겠으나 2020년의 봄은 그래서 꽤 행복했다. 많은 사람이 그토록 되찾고 싶어 하는 일상이란 다시 미세먼지가 가득한 세상이었기에 나는 이런 화창함이 이어지는 봄은 남은 내 생애 다시 오지 않을지도 모른다고 생각했다. 그때만 해도 우리는 이 바이러스에 대해서 지금보다 많이 알지 못했고, 그렇기에 여름이 되고 기온이 올라가면 바이러스가 비활성화할 것이라는 허튼 믿음을 부여잡고 있었다.

그나마 사람이라도 마음껏 만날 수 있으면 좋으련만,

이 이상한 바이러스는 사람과의 만남을 경계했다. 2○○만 년 전 어떤 원숭이가 나무에서 내려온 이래, 사피엔스들이 구축한 전통적인 커뮤니케이션의 방법조차 비대면이라는 이름으로 하나둘 무너져 내렸고, 사람은 그 와중에 과거의 즐거웠던 일상의 흔적을 파헤치기 위해 노력했다.

한동안 랜선 여행 붐이 일었다. 번듯한 관광지가 아닌 바다 건너 다른 곳의 거리를 그저 거니는 영상에 사람들은 열광했다. 그즈음 나는 소리에 집착하기 시작했다. 시끄러운 인도의 거리 소음은 현장에서 들을 땐 고역도 그런 고역이 없었지만, 그조차 아쉬운 상황이 되자 중첩되는 그 소음이 그 어떤 오케스트라의 화음보다 아름답게 들렸다.

고요한 밤. 오지 않는 기차를 기다리며 귀를 쫑긋. 기차역의 안내 스피커 소리에 온 신경을 집중한다. "어텐션 플리즈"로 시작하는 영어 방송 한 번, "프리뻬야 데얀 딘"으로 시작하는 힌디어 방송 한 번. 반가웠다. 인도에서도 이 소리는 반가웠다. 플랫폼에 숄을 깔고 누워 하염없이 기다리는 시간이 끝났음을 알리는 전주곡이었다.

직업상 현장음 녹음을 한다. 컴퓨터 파일을 뒤져보니 산센(三線) 선율이 흐르는 오키나와의 편의점 CM송 소리도 나왔고, 목탁 치는 소리가 연상되는 홍콩의 횡단보도 경보음도 나왔다.

원고가 써지지 않을 때 이런 소리를 재생하고 눈을 감으면 녹음하던 당시의 풍경이 스쳐 지나가고, 얼마 안 가 현장의 느낌으로 글을 쓰게 된다. 그런데 이상하기도 하지. 더 이상 여행 원고를 쓰지 않는 순간에 오히려 난 그 소리에 더 집착했다. 예전에는 감상을 불러일으키기 위한 일종의 주문 같았다면, 지금은 한국에 묶여 있는 내 일상을 그곳으로 바꾸기 위한 일종의 몸부림 같다.

현장의 소리를 듣고 있자면 저 수상한 외모를 가진 외국인의 손에 달린 털이 숭숭한 장비는 뭘까라고 생각하는 현지인들의 의혹 어린 시선이 머릿속에 가장 많이 떠오른다. 녹음하던 당시에 가장 부담스러웠던 그 순간이 요즘은 가장 그립다. 아니 그마저도 그립다고 해야 할까?

혀가 기억하는 그곳의 풍경

여름이 지나가고 가을이 왔다. 신록을 부여잡으려고, 울긋불긋한 단풍을 바라보려 했지만 봄처럼 마음이 편치는 않았다. 여행을 떠나야 수입이 생기는

직업이라 매달 줄어드는 은행 잔고가 슬슬 가슴을 조여오기 시작했다.

가을의 문턱부터 요리에 빠졌다. 본토에서 잘 먹고 잘 살다보니 한국에서 파는 그 나라의 요리들은 성에 차지 않았을 뿐만 아니라 원하는 요리도 한국의 식당에선 팔지 않았다.

난(Nan). 한국인들은 조금만 겉이 타면 질색하는지라 인도에서라면 "이 난은 안 익은 거야"라고 소리칠 그런 난도 물렸고, 향신료 대신 케첩과 고추장을 가미하는 이곳 인도식당의 커리도 참을 수 없었다. 결국 나는 요리를 시작했다. 틈틈이 여행지에서 쿠킹 클래스를 다녀둔 건 꽤 도움이 됐다.

원래 할 줄 아는 요리들을 다시 해봤다. 최근 한국의 마트에서는 거의 모든 향신료를 구할 수 있었다. 쿠민 가루를 구하려고 인터넷을 헤매던 때와는 완전히 달랐다.

개인적으로 남인도 사람들이 먹는 뽀로따를 만든 건 가을에 느낀 가장 큰 희열이었다. 뽀로따는 반죽에 기름을 가미하는데, 이 덕에 질감이 부드럽다. 어디서 영향을 받았는지 모르나 인도의 주식 빵 중 유일하게 레이어가 있어 식감도 남다르다.

예전에 사놓은 케랄라 지역의 요리책만 참고해서는 만족스러운 뽀로따가 나오지 않아 인터넷을 뒤졌고, 남인도 요리만을 전문으로 하는 유튜브 채널을 발견했다. 처음에는 끝도 없이 실패했지만, 3킬로그램짜리 밀가루를 다 쓸 때쯤 만족스러운 형태가 됐다. 친구들을 불러다 새로운 요리를 먹였다. 남인도 요리를 모르는 그들은 이런 흔한 빵을 만들어낸 게 왜 대단한 일인지 전혀 모르는 눈치였다. 나는 "이 빵은 아마 한국 최초 인도식 뽀로따의 재현일 거"라며 너스레를 떨었다. 시큰둥한 그들은 결국 끊임없는 나의 강요에 굴복할 수밖에 없었다. 또 사나흘, 이렇게 잠시 남인도의 추억에 빠졌다.

홍콩인들이 추석맞이에 먹는 월병을 구해 송편 대신 먹고, 가격 현실화가 상당히 이루어졌음에도 유독 비싼 포트와인을 구해서 포르투갈식 해물죽인 아호스 두 마리스쿠(Arroz de Marisco)에 곁들여 먹었다. 포르투갈 스타일의 에그타르트는 열 번 넘게 시도했지만 실패했다. 그 매끈한 질감을 재현하려면 돼지기름인 라드가 들어가야 한다는데, 그 라드를 어찌 써야 하는지는 알아낼 수 없었다. 성공하면 성공해서 기뻤고, 실패도 실패대로, 집중하는 순간만큼은 코로나19라는 괴물에 대한 두려움을 떨쳐낼 수 있어 좋았다.

주변인들은 이러다 식당 차리는 거 아니냐고 궁시렁대긴 했지만 게임기인 플레이스테이션을 붙잡고 있는 것보다는 낫다고 했으니, 당분간 차라리 이렇게 살아보라는 말로 이해했다.

다시 봄을 지나 여름이다

지난겨울 백신이 쏟아지고, 이제 이 터널이 끝날지도 모른다는 기대가 넘치기도 했으나 짧아도 올 한 해는 조용히 살아야 할 것 같은 분위기다. 봄도 지난해만 못했다. 이웃 나라는 이미 역대급 경제성장률을 예고하며 모든 공장을 가동 중이다. 그 덕에 미세먼지도 황사도 다시 우리 친구가 됐다. 일상은 간데없고 미세먼지는 다시 반갑다며 손을 잡으니 웃어야 할지 울어야 할지 모르겠다.

요즘은 사람들에게 여행 이야기를 해주며 산다. 며칠 전 어떤 지인이 "구글 지도가 없었을 때 어찌 여행을 했냐"라고 물었는데, 정신이 번쩍 들었다. 구글과 스마트폰이 여행의 필수품이 된 지 고작 10년 만에 그것들이 없던 시대의 기억이 단절되고 있었다. 시대의 변화가 빠르단 이야기는, 그렇게 새로운 방법이 쏟아져 나온단 말은, 과거의 기억들도 빠르게 사라진다는 말이다.

"자, 하랑아 들어봐. 이게 기차표 예약 폼이야. 예전에는 기차표를 예약할 때 일일이 기차역에 가서 인도인들의 새치기를 물리친 후, 수기로 이 종이에 출발할 역과 가고 싶은 역, 원하는 기차 등급, 그리고 기차의 정보를 모두 적어야 했어. 그래서 그때는 인도를 여행할 때는 하루에 한 가지 일만 해야 한다고 사람들이 생각했어. 너도 가봐서 알겠지만 거기는 내가 뭘 빨리 하고 싶다고 그럴 수 있는 나라가 아니잖아. 어쩌면 코로나19도, 다시 회복될 우리의 일상도 인도여행 같은 게 아닐까? 지금은 오지 않는 기차처럼 막막하지만, 언젠간 오겠지. 저 멀리 지평선 너머 기적이 들리고, 플랫폼의 사람들은 웅성대겠지. 그때 우리는 뛸 준비를 해야 해. 지금은 기차가 오지 않아서 한가롭지만, 기차가 오면 이 모든 사람이 일제히 기차에 매달리겠지. 일단 타야 또 우린 어디로든 갈 거 아니야? 그때 꼭 같이 떠나자. 알았지?"

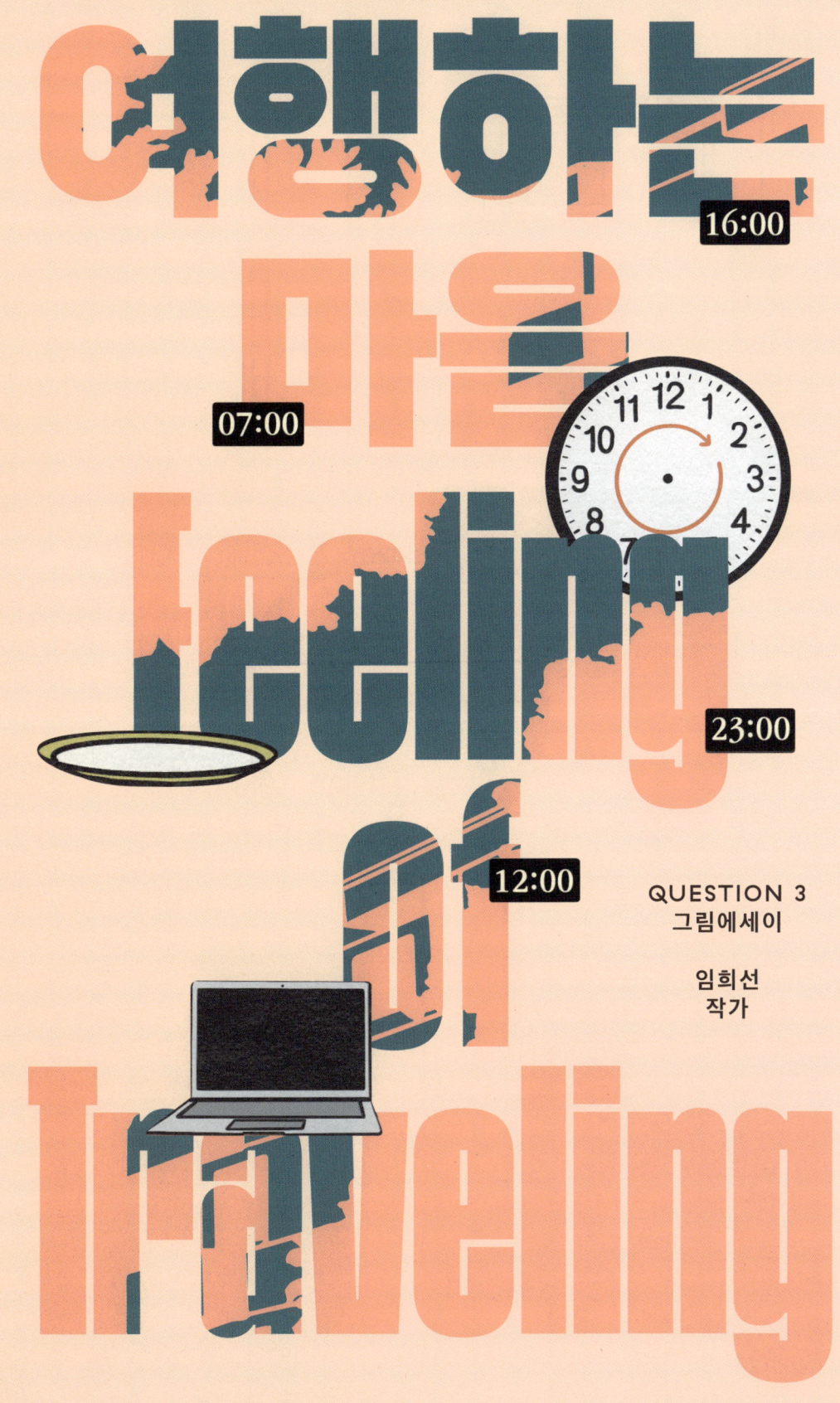

일상의 균열이 주는 기쁨

잘하고 싶은 마음은 나를 성장시키기도 하지만, 조금만 지나치면 욕심이 되어 순수한 태도를 갉아먹기도 한다. 여행은 언제나 잘하고 싶은 것 중 하나고, 이 마음은 종종 과하게 넘친다. 여행 전 계획을 세울 때면 최대한 많은 양의 자료를 모으고, 이동 시간까지 촘촘하게 적으며 시간표를 짠다. 가보고 싶었던 박물관이나 관광지 등의 위치와 입장료, 문을 여닫는 시간, 휴관일을 알아두는 것은 기본이다. 식당과 카페에서 먹을 메뉴는 미리 정해놓고, 원하는 식당이 문을 닫았을 수도 있으니 근처에 갈만한 가게를 두세 개쯤 더 적어놓는다. 떠나기 전날까지 블로그나 유튜브를 검색하며 이동 동선을 확인하고, 목적지의 풍경을 미리 보고 나면 이미 여행을 한 것 같은 착각과 피로감에 빠지기도 한다. 체크리스트를 만들어서 빠진 물건이 없는지 확인하고, 여행의 정보와 일정이 적힌 표를 인쇄한 후 가방 위에 올려둔 뒤에야 비로소 마음이 놓인다.

일정을 한눈에 그릴 수 없다면 도무지 어디론가 떠날 용기가 생기지 않는다. 즉흥적으로 밤바다에 놀러 간다거나 목적지를 정하지 않고 갑자기 먼 곳으로 떠나는 것은 낭만이라기보단 두려움에 빠지게 하는 벌칙에 가깝다. 매일 같은 시간에 일어나고, 식사하고, 일하고, 또 때가 되면 잠이 드는 규칙적인 삶에서 안정을 느끼는 나에게 여행은 일상의 균열을 일으키는 날들이기 때문이다.

그럼에도 불구하고 이따금 이 균열을 느끼고 싶은 순간이 온다. 준비 과정의 번거로움과 집으로 다시 돌아왔을 때의 허무함, 일상의 루틴을 되찾기까지의 고단함 따위는 잊은 채 어디론가 절박하게 이동하고 싶은 순간. 규칙적으로 잘 돌아가던 일상 속에서 잠시 빠져나와 새로운 환경에 나를 데려다 놓고 싶은 순간이 찾아오면 혼자 여행을 간다. 균열이 주는 낯섦과 설렘은 혼자일 때 배가 되니까.

눈부시게 빛나던, 베를린

홀로 떠난 첫 해외 여행지는 베를린이었다. 직항으로 가는 비행기가 없어서 프랑크푸르트에서 환승을 하고 총 열 시간이 넘는 비행을 마친 뒤에야 지친 몸으로 도착할 수 있었다. 아는 사람이 아무도 없는 낯선 땅에 혼자 서 있는 기분은 묘했다. 분홍빛과 주홍빛이 한데 어우러져 눈부시게 빛나는 하늘 아래에서 왠지 모를 해방감과 자유로움을 느꼈다. 공항에서 택시를 타고 숙소가 있는 체크포인트 찰리까지 가는 내내 창밖으로 펼쳐지는 풍경을 보며 그 감정은 배가 됐다. 몸은 지쳤지만, 정신은 반짝였던 순간. 베를린을 떠올리면 가장 먼저 생각나는 장면이다.

   빼곡하게 적어놓은 일정표 없이는 여행이 두렵지만, 몇 년 후 지난 여행을 떠올렸을 때 머릿속에 남아 있는 건 이처럼 대부분은 계획에 없던 것이다. 갤러리에서 말을 걸어온 독일 친구와 함께 걸었던 산책길과 더위를 식히며 먹었던 살구 맛 아이스크림, 골목을 잘못 들어서서 만난 오래된 책방, 맥주를 마시며 여유를 즐겼던 호수 앞 잔디밭, 플리마켓에서 산 110밀리 필름 카메라를 들고 다니며 찍었던 흑백 사진, 롤라팔루자에서 라디오헤드를 기다리며 만났던 흥이 넘치는 친구들, 벤치에 앉아 함께 빵을 나눠 먹던 작은 새까지. 베를린을 혼자 거닐며 우연히 만난 소소한 순간들은 내가 정말로 좋아하는 것이 무엇인지, 언제 행복을 느끼는지 깨닫게 해줬다. 장 그르니에가 "사람은 자기 자신에게서 도피하기 위해서가 아니라 자기 자신을 되찾기 위하여 여행한다"라고 말한 것처럼 우리는 낯선 여행지에서 잊고 있었던 진짜 나의 모습을 종종 발견하게 된다. 그리고 여행이 끝난 뒤 단단했던 알을 깨고 좀 더 자기 자신다운 사람이 되기도 한다.

   난 여전히 여행하기 전에 많은 정보를 찾고, 공부하고, 계획을 세운다. 하지만 빡빡한 일정만을 빠짐없이 수행하는 건 여행이 아니라 지루한 임무에 지나지 않는다는 걸 이제는 안다. 최소한의 짐만 챙기고, 부담감은 버린 채 몸도, 마음도, 일정도 가벼운 상태에서 일상을 떠날 때 나와 더 가깝게, 더 자주 만날 수 있을지 모른다. 여행을 잘해야겠다는 욕심이 생길 때마다 베를린에 도착해서 봤던 하늘을 떠올린다. 그럼 여행이란 본디 무엇이었는지 다시금 생각하게 된다.

두 도시 이야기
Geschichte zweier Städten

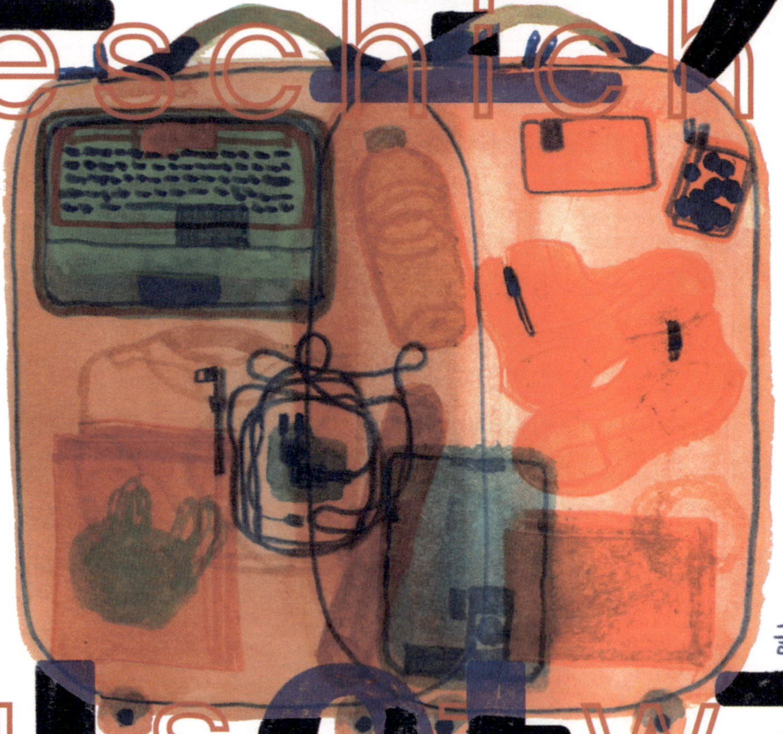

글·그림 하진

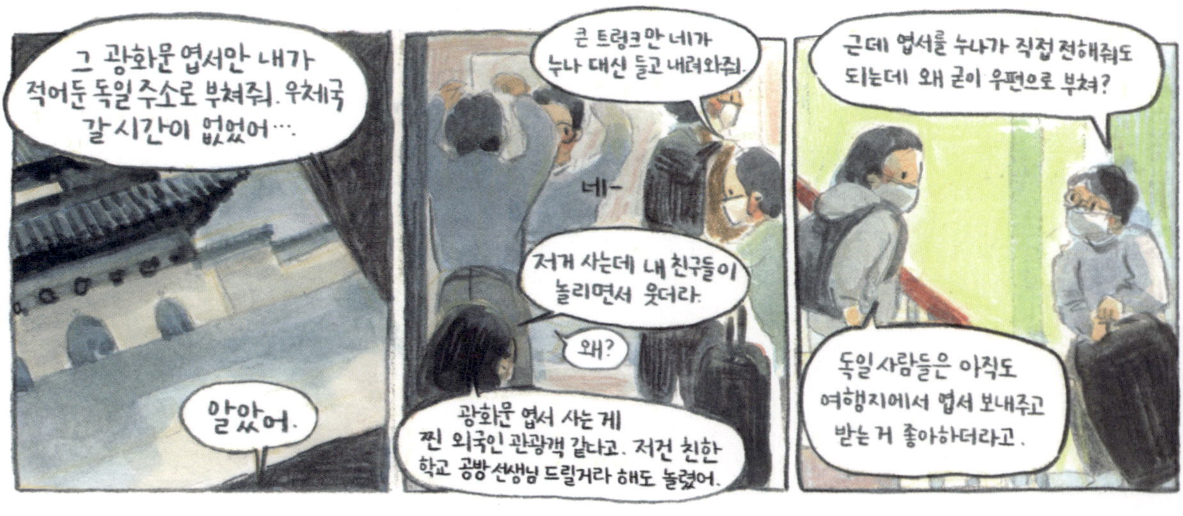

"그 광화문 엽서만 내가 적어둔 독일 주소로 부쳐줘. 우체국 갈 시간이 없었어…."

"알았어."

"큰 트렁크만 네가 누나 대신 들고 내려와줘."

"네—"

"저거 사는데 내 친구들이 놀리면서 웃더라."

"왜?"

"광화문 엽서 사는 게 찐 외국인 관광객 같다고. 저건 친한 학교 공방 선생님 드릴거라 해도 놀렸어."

"근데 엽서를 누나가 직접 전해줘도 되는데 왜 굳이 우편으로 부쳐?"

"독일 사람들은 아직도 여행지에서 엽서 보내주고 받는 거 좋아하더라고."

  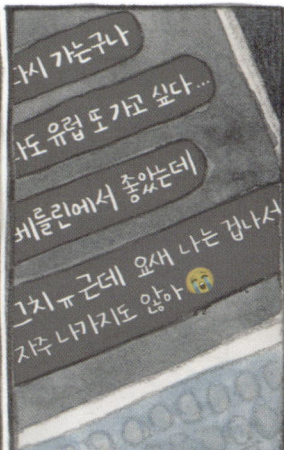 

독일 전역은 현재 (2021. 4. 기준) 확진자 수치가 높은 지역에 한해, 저녁 9시부터 오전 5시까지 야외 활동이 제한된다. 우리 동네도 포함인 셈.

*자두파이 **콘 모양의 페이스트리에 크림 필링을 채운 오스트리아 간식

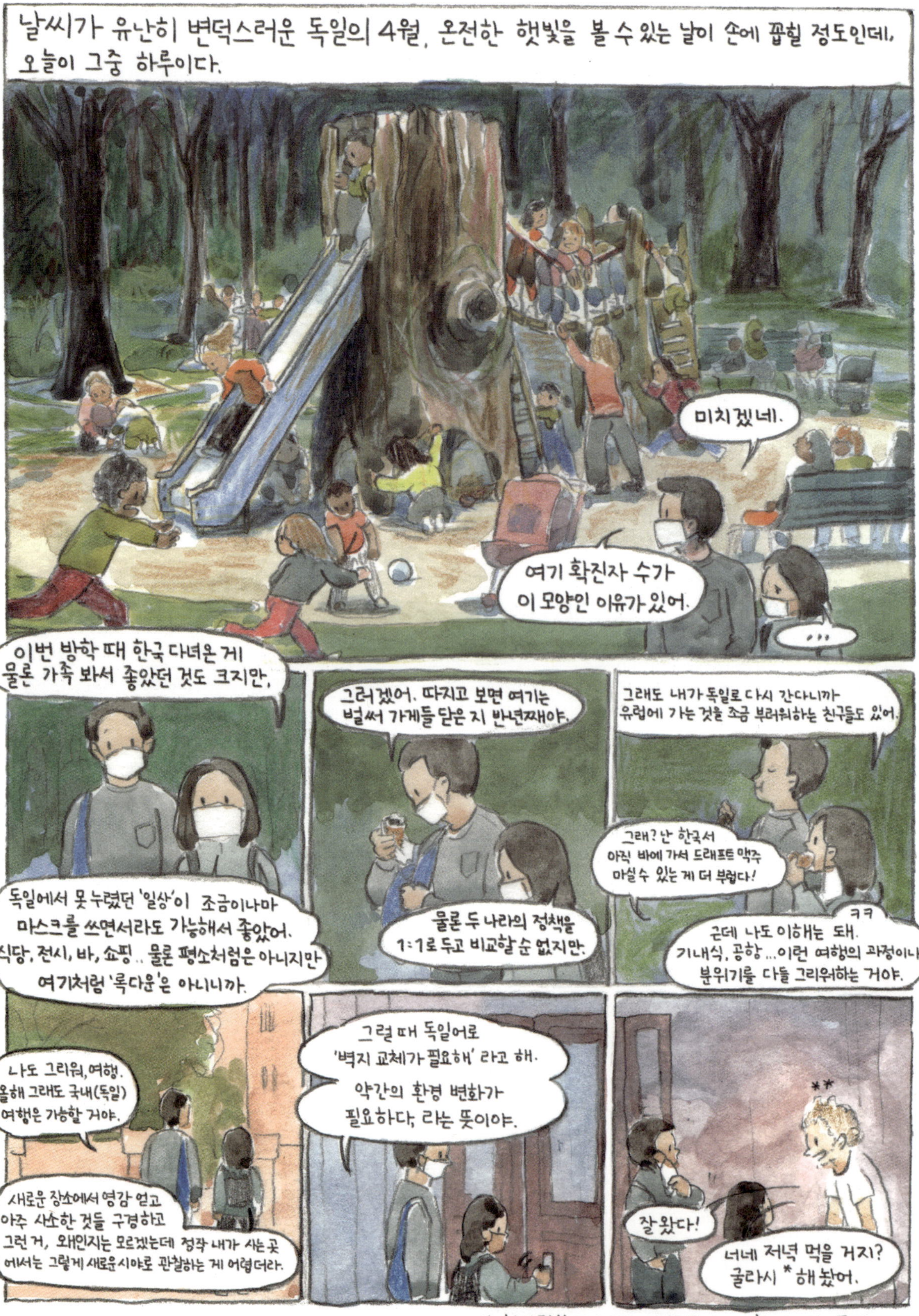

SECTION 2 / SURROUNDINGS

· 관광을 즐기지 않는다	사회	기시 마사히코(사회학자)
· 고고학자의 '짠내투어'	역사	강인욱(고고학자)
· 여행은 무엇을 하는가?	문화비평	박세진(인류학자)
· 당신은 모르는 여행	예술비평	안진국(미술평론가)

Illustration by hosugi_93

관광을 즐기지 않는다
観光しない

글 기시 마사히코
사회학자
岸 政彦

번역 이민연

QUESTION 5　사회

그때 나는 교통이 불편한 오키나와에서 버스와 택시를 갈아타고 오키나와 전쟁을 경험한 고령의 어르신들을 한 분씩 찾아다니며 당시의 이야기나 전후의 삶을 인터뷰하고 있었다. 주민회관이나 자택에서, 양로원이나 마을 경로당에서 그분들의 이야기를 듣는 중이었다.

그날 방문한 작은 마을 외곽에 있는 경로당 2층 방의 커다란 창밖에는 거대하게 자란 고무나무가 서 있었다. 고무나무 가지가 바람에 흔들리고, 눈부신 저녁 햇살이 반짝였다.

낡고 조잡한 탁자 위에는 내가 사 왔지만, 손도 대지 않은 페트병 녹차가 미지근해져 있었다. 그 맞은편에 앉은 아흔 살에 가까운 남성이 나를 똑바로 쳐다보며 천천히 이야기를 시작했다. 조부가 돌아가신 그날의 일을.

"…하늘 위에서 터지는 폭탄이 있어요. 그건 특히 더 무섭지요. 하늘 위에서 폭발한 파편이 아래로 떨어지니까요. 제 조부가 그 파편에 맞아 몸이 잘렸습니다. 완전히 두 동강이 나버렸어요. 피는 흘리지 않았지만 내장이 전부 밖으로 쏟아져 나와서. 몸 안으로 아무리 밀어 넣어도 계속 빠져 나오더군요. 어찌할 바를 몰랐지요. 어머니랑 다른 사람들은 그저 울기만 하고.

그 일이 영영 잊히지가 않아요. 제 할아버지의 마지막 모습이. 폭탄 파편에 맞아 내장이 밖으로 튀어나온 모습. 피는 흘리지 않았지만. 피는 못 봤어요. 하지만 내장이 쏟아져 나와서.

내 어머니도 당시에는 아직 30대였으니까. 아버지, 아버지 부르며 그저 울기만 했지요. 손으로 내장을 쓸어 담아 몸 안으로 집어넣으려 아무리 애를 써도 자꾸 밖으로 빠져 나왔어요. 이렇게나 많은 내장이 전부 어디에 들어 있었을까 싶을 정도로.

그 일을 잊을 수가 없어요.
조부는 그 자리에서 돌아가셨지요.
그 후 미군의 공격을 피해 세 살짜리 여동생을 업고 계속 도망쳤는데, 아마도 영양실조 때문이었겠지요. 여동생은 미군에게 포로로 잡히자마자 수용소에서 죽었어요.
수용소에서는 많은 사람이 죽었습니다. 그래서 누가 어디에 묻혔는지 알 수가 없어요. 여동생이 어떻게 되었는지, 어디에 묻혔는지 지금껏 모른 채 살고 있습니다."

미군의 공격을 피해 이리저리 도망치던 와중에 조부가 폭격에 맞아 숨지고, 업고 다니던 여동생도 죽었다. 부친은 징병되어 '일본군'으로 싸우다 전사했다. 전사한 장소조차 몰랐다고 한다.
도망치면서 가장 두려웠던 건 사실 미군이 아니라 일본군이었다고 한다. '패잔병'으로 불리던 일본군에게 식량이나 집을 빼앗겼다는 이야기를 종종 들었다.

* * *

오키나와는 일본에서도 가장 아름다운 휴양지로 유명하며, 코로나 발생 전에는 일본 국내뿐 아니라 대만이나 중국, 한국에서도 많은 관광객이 찾는 곳이었다. 지금은 관광객도 별로 없고, 나하(那覇)의 중심가인 '고쿠사이도리(国際通り, 국제거리)'도 한산한 모습이지만, 언젠가 코로나가 종식되면 다시 많은 관광객이 몰려들 것이다.
내가 오키나와와 연을 맺게 된 지도 벌써 30년 가까이 된다. 30년 전의 오키나와는 동아시아 관광객은 별로 눈에 띄지 않았고, 대부분 일본인 관광객으로, 나하의 거리도 아직 '전후' 오키나와의 모습이 남아 있었다.
오키나와에 각별한 마음이 있었던 건 아니다. 오히려 그때까지만 해도 나는 오키나와에 그다지 흥미가 없었다. 그저 당시 사귀던 여자친구의 말에 이끌려 2박 3일의 짧은 여행을 갔던 것뿐이었다. 딱히 오키나와가 아니라도 괜찮았다. 도쿄건 삿포로건 어디라도 상관없었다.

그러나 아무런 사전 지식도 없이 오키나와를 찾았던 나는 나하공항에 발을 딛는 순간 오키나와와 깊은 사랑에 빠져버렸다. 함께 간 여자친구마저 까맣게 잊을 정도로 나는 오키나와에 흠뻑 매료되었던 것이다.

2박 3일의 관광 여행이었을 뿐이다. 오키나와 곳곳을 다 돌아본 것도 아니고, 뒷골목의 가게에서 오키나와만의 특별한 음식을 맛보는 일도 없었다. 우리는 그저 나하의 고쿠사이도리에서 쇼핑과 식사를 즐기고, 그 후 택시를 타고 오키나와 본섬의 서해안(그곳에는 옛날부터 리조트 호텔이 줄지어 있었다)에 위치한 작고 값싼 호텔에 묵었을 뿐이다. 우리는 진짜 오키나와는 조금도 경험하지 않은 채 여느 관광지처럼 선물가게만 즐비한 고쿠사이도리나 로프와 부표로 둘러싸인 사각형의 작은 공간 안에서 해수욕을 즐겼을 뿐이다.

하지만 오키나와와의 만남은 그 짧고 단순한 체험만으로도 내 삶을 바꿔버렸다. 그때 함께 여행했던 여자친구와는 금방 헤어지고 말았지만 나는 그 후에도 여러 번 오키나와를 방문했고, 대학원에서는 연구 주제로 삼아 많은 오키나와 사람을 만나 그들의 삶을 인터뷰했다. 그러다 보니 어느새 오키나와에 대해 조사하고 책을 쓰는 것이 내 평생의 업이 되어버렸다. 30년 전 그때 여자친구가 오키나와로 여행을 가자고 하지 않았더라면 나는 전혀 다른 삶을 살고 있었을지도 모른다.

폐쇄적이고, 획일적이고, 지루한 나라 일본에서 오키나와는 유일하게 본토와는 다른 언어, 문화, 음악, 풍습 그리고 역사를 갖고 있다. 그리고 오키나와는 일본에서는 유일하게 아열대에 속하는 지역으로, 이는 나하공항에 내린 바로 그 순간부터 느낄 수 있다. 숨이 막힐 듯한 습한 열기, 어디를 걷더라도 어렴풋이 느끼게 되는 바다 냄새, 뒷골목 선술집의 열어놓은 문 저편에서 들려오는 생소한 억양, 달짝지근하고 걸쭉한 아오모리(泡盛, 오키나와산 술 - 옮긴이).

나는 일본 사회 어디에서도 안식처를 찾지 못했다. 대학원에 입학할 때도 여러 번 낙방하며 고전했다. 박사 학위를 딴 후에도 좀처럼 대학에 취직하지 못했다. 그때가 아마도 내 삶에서 가장 어둡고 괴로운 시기였을 것이다. 바로 그런 시기에 나는 오키나와와 만났다.

　이후 나는 오사카의 작고 좁은 아파트에서 특별히 주문한 아오모리를 마시고, 산센(三線, 오키나와 특유의 전통 현악기. 뱀 가죽을 가공해서 만든다 - 옮긴이)을 타며, 오키나와가 무대인 영화를 몇 번이고 봤다. 오키나와에 관한 책을 잔뜩 사서 매일매일 지겨운 줄도 모르고 읽어댔다. 사진집, 오키나와의 온갖 그릇이나 사자 인형. 그런 것들로 방 안을 채웠다.

　돈이 없어서 갖고 있던 고가의 전문서와 CD를 팔아 오키나와를 드나들었다. 특히 자주 갔던 곳은 나하의 거리가 아니라 자마미섬(座間味島)이나 도카시키섬(渡嘉敷島), 이시가키섬(石垣島)이나 이리오모테섬(西表島), 다케토미섬(竹富島)과 같은 낙도였다. 나는 비수기의 싼 비행기 표를 사서 한겨울에도 스노클과 핀을 장착하고 아무도 없는 낙도의 해안에서 홀로 잠수를 즐기곤 했다.

　정말 꿈같은 시간이었다. 오키나와의 낙도에는 인적이 없고 고요한, 아무에게도 알려지지 않은 아름다운 해안들이 수도 없이 많다. 그런 낙도의 아무도 없는 해변에서 나는 혼자서 스노클을 끼고 바닷속을 누비고 다녔다. 그 시절의 맑고 푸르고 아름다운 오키나와 바다의 수면을 떠올리면, 지금도 여전히 머리끝부터 물속을 파고드는 감각이 되살아난다. 물속에 들어가면 모든 소리가 사라지고, 의식이 가라앉으면서 오직 반짝이는 해수면의 빛과 하늘거리는 해초와 물고기, 바다거북들과 하나가 되어 마침내는 자신이 인간인 것조차 잊어버리게 된다. 아침부터 밤까지 바닷속을 누비고, 밤이 되면 값싼 숙소의 식당에서 아오모리를 마시며 도마뱀붙이의 울음에 귀 기울이다 죽은 듯 곯아떨어졌다. 그렇게 며칠을 보내고 난 후 나는 다시 오사카의 지루한 일상으로 돌아갔다.

SECTION 2

* * *

오키나와는 본래 '류큐(琉球)왕국'이라는 독립 국가였다. 그러나 1609년 일본 군대에 침략당한 후 류큐왕국이라는 명맥만 유지할 뿐 일본의 '속국'이 되었다. 그와 동시에 청나라에도 속하게 된다. 일본과 중국의 이중 지배를 받게 된 것이다.

19세기에 메이지 정부가 들어서자 류큐왕국은 정식으로 일본의 일부가 되어 '오키나와현'으로 불리게 된다. 이때부터 오키나와는 법적으로도 일본 정부의 관할이 되었다.

그러나 오키나와의 고난은 계속 이어졌다. 오키나와는 제2차 세계대전 말기에 참혹한 지상전의 무대가 되었다. 당시 일본 정부는 천황제를 지키기 위해 오키나와 사람들을 인질로 삼아 무조건 항복하지 않고 시간을 끌며 버텼던 것이다.

미군이 오키나와에 상륙한 것은 1945년 3월의 일이다. 미군은 막대한 병력을 투입하며 일본군을 압도했지만, 일본군도 필사적으로 항전해 그해 6월 23일에 조직적인 저항을 포기할 때까지 석 달 동안이나 지상전이 이어졌다. 이 전쟁으로 수많은 일반 시민을 포함한 오키나와인 12만 명이 죽었다고 한다. 당시 오키나와 인구의 네 명 중 한 명이 희생된 것이다.

전쟁이 끝나고 오키나와는 미군의 주둔지가 되었다. '류큐 정부'라는 자치 정부가 만들어졌지만, 그 정책의 최종 결정권은 미군정에 있었다. 1972년 오키나와가 일본에 복귀될 때까지 미군 점령기는 27년간 계속되었다. 그동안 오키나와 본섬을 중심으로 광대한 미군기지가 건설되었다. 그 기지는 오키나와가 일본에 복귀된 후에도 오늘날까지 남아 있다. 현재 일본 정부는 헤노코(辺野古)라는 변방 마을의 바다를 매립해 매우 거대한 군사기지를 새롭게 건설하려 계획 중이다.

이러한 역사와 구조 속에서 한 명의 '일본인'(물론 여기서 말하는 '일본인'은 오키나와인과 구별하는 의미에서 사용했다)으로서 '오키나와가 좋다'는 말의 의미는, 그 욕망은 어떻게 정당화될 수 있을까?

중국과 한국뿐만 아니라 동아시아나 동남아시아 각국에 대해 일본은 전쟁을 일으킨 당사자로서의 책임을 다하고 있다고 말하기 어렵다. 그뿐만 아니라 자기 나라의 일부임이 분명한 오키나와에 대해서는 지금까지도 여전히 '전쟁 상태'를 지속시키고 있다. 일본 내 미군기지의 대부분이 오키나와라는 좁은 지역에 집중되어 있는 것이다.

오키나와에 관해 조금만 공부한다면 이곳이 매우 매력적인 휴양지로서 높은 인기를 누리고 있다는 사실과, 오키나와 전쟁에서 그렇게 막대한 희생을 강요했으면서도 여전히 오키나와에 미군기지를 남기는 식민지주의적 정책 간의 간극에 놀라지 않을 수 없을 것이다. 일본인은 모두 오키나와를 아주 좋아한다. 일본에는 '오키나와병'이라는 말조차 있다. 이는 오키나와와 열렬한 사랑에 빠진 일본인을 가리킨다. 우리는 오키나와의 독자적인 역사와 문화, 자연과 풍경, 독특한 풍습을 사랑한다. 오키나와에 흠뻑 빠진 일본인은 정말 많다. 술집에서 오키나와를 좋아하는 사람끼리 우연히 만나면 금방 의기투합한다. 우리는 필사적으로 누가 더 오키나와를 잘 아는지, 누가 더 오키나와 현지에 친구가 많은지, 누가 더 오키나와의 숨겨진 곳에 있는 맛집을 잘 아는지 경쟁하기 시작한다. 나는 지금도 혼란스럽기만 하다.

박사 논문은 오키나와에서 일본으로 돈벌이를 위해 상경한 이들의 삶과 U턴 현상에 대해 썼다. 일본 본토로 이동한 경험이 '오키나와 아이덴티티'를 어떻게 형성했는지 생활사 인터뷰를 토대로 밝히고자 한 것이다(기시 마사히코, 《동화와 타자화 : 전후 오키나와의 본토 취업자들》[1]).

15년에 걸쳐 관련 연구를 마친 후, 우에마 요코(上間陽子)와 우치코시 마사유키(打越正行), 우에하라 겐타로(上原健太郎)와 함께 오키나와의 계층 차별에 관한 책을 8년 만에 완성했다(기시 마사히코 외, 《지역을 살아간다 : 오키나와적 공동성의 사회학》[2]). 우에마 요코는 성매매업에 종사한 오키나와의 어린 여성들이 빈곤과 폭력 속에서 어떻게 살아남았는지에 대한 책을 썼다(우에마 요코, 《맨발로 도망치다 : 오키나와 밤거리의 소녀들》[3]). 우치코시 마사유키는 오키나와의 폭주족과 불량청소년 혹은 일용 노동자들과 함께 생활하면서 묵직한 문화기술지를 써서 화제가 되었다(우치코시 마사유키,《양키와 지역 : 철거업자, 유흥업소 포주, 뒷골목 암거래상이 된 오키나와의 청년들》❹). 모두 훌륭한 책들이다.

오키나와는 지금까지 독자적인 문화를 구축한 굳센 사람들이 사는 아름다운 휴양지로서 유명세를 떨쳐왔다. 그러나 우리는 이러한 표현을 바꾸려 한다. 오키나와는 그 독자적인 역사 덕분에, 더욱 적나라하게 말하자면 미군과 일본의 정책 탓에 오늘날까지 빈곤에 허덕이고 있다. 그곳에는 커다란 계층 간 차별, 나아가 여성과 아동에 대한 학대와 폭력도 존재한다. 우에마 요코가 그린 것처럼 많은 성매매업 종사자가 저임금으로 일하며 열심히 살고 있다. 우치코시 마사유키가 그린 것처럼 오키나와의 불량청소년과 하층 노동자들은 지역사회의 가혹한 규정에 묶인 채 수탈과 착취와 폭력 속에서 산다.

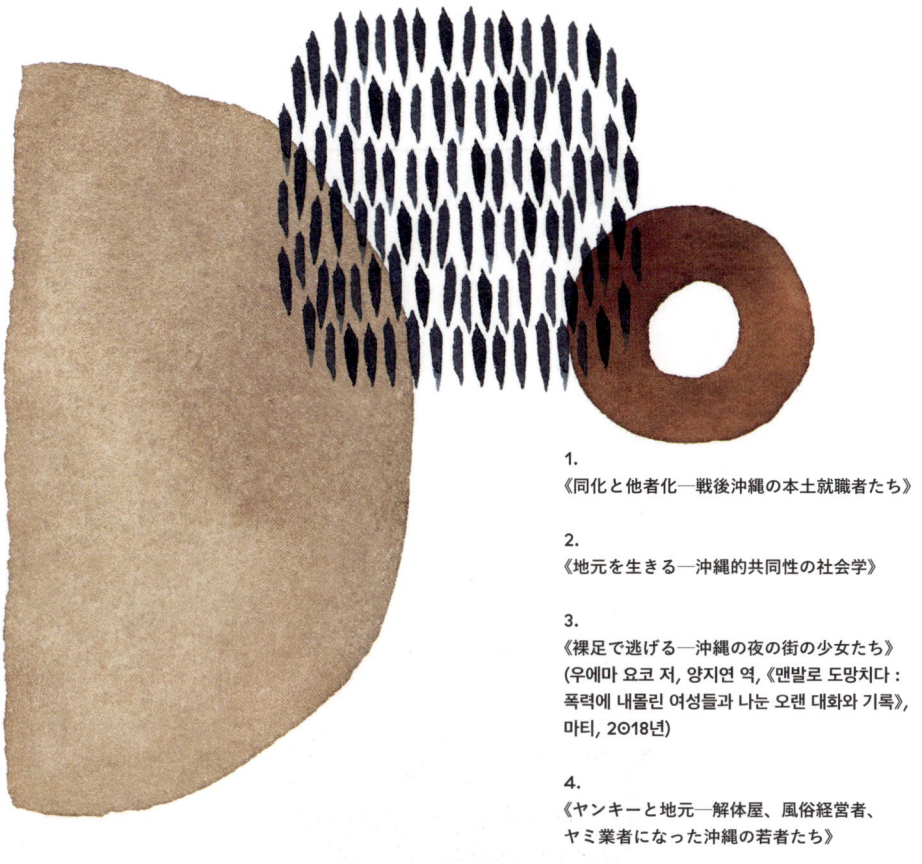

1.
《同化と他者化─戦後沖縄の本土就職者たち》

2.
《地元を生きる─沖縄的共同性の社会学》

3.
《裸足で逃げる─沖縄の夜の街の少女たち》
(우에마 요코 저, 양지연 역,《맨발로 도망치다 : 폭력에 내몰린 여성들과 나눈 오랜 대화와 기록》, 마티, 2018년)

4.
《ヤンキーと地元─解体屋、風俗経営者、ヤミ業者になった沖縄の若者たち》

우리는 오키나와에는 차별도 빈곤도 폭력도 존재한다는
이야기를 쓰고 싶었다. 그것은 알려야 할 필요가 있었기 때문이다.

* * *

일본에는 여성이 접객하는 '스낵'이라고 불리는 바(bar)가 셀 수
없이 많으며, 그곳에서는 방대한 수의 여성들이 일하고 있다. 대부분
중년이거나 그보다 나이가 많은 여성이다. 나하의 변두리 뒷골목에
자리한 작은 스낵에서 그러한 여성들을 인터뷰한 적이 있다. 당시
일흔 살이 가까웠던 한 여성이 심야의 바에서 무심히 던진 한마디.

"글쎄, 나 같은 여자를 대체 누가 고용할까요?"

그녀는 스무 살 안팎의 나이에 한 번 결혼에 실패하고, 일본
본토의 야쿠자와 재혼했다. 이후 남편이 암으로 세상을 떠나자
오갈 데가 없던 그녀는 스낵에서 일하기 시작했다. 남편을 잃고 난
뒤의 삶은 혹독했다. 이곳저곳 가게를 전전하며 불안정한 생활을
이어가다 보니 이쪽으로 흘러들어 어느덧 일흔을 맞게 된 것이다.

SECTION 2

오키나와 전쟁이 끝나고 27년에 걸쳐 미군에게 점령당하는 동안 이 섬의 경제는 점점 나락으로 떨어졌다. 오직 미군기지에 의존한 경제가 되어버린 것이다. 그리고 (이는 일본이나 한국도 마찬가지겠지만) 오키나와는 여성에게 더 가혹한 사회다. 전근대적인 가부장제가 여전히 뿌리 깊게 남아 있기 때문이다.

새벽 2시의 깊은 밤, 나하 변두리 뒷골목의 어두컴컴한 바에서 일흔이 가까운 여성이 내뱉은 이 한마디가 오랫동안 잊히지 않고 귓가를 맴돈다.

나는 늘 스스로에게 묻는다. 나는 오키나와를 좋아하는 것일까? 30년 가깝게 오키나와와 연을 맺으면서 어느덧 오키나와에 관한 연구는 내 평생의 업이 되었다. 그리고 오키나와에 사는 '보통 사람들'의 이야기를 들어왔다.

이 작은 섬에서는 참혹한 전쟁이 벌어졌다. 이 섬은 항상 중국과 일본, 미국과 같은 대국들의 힘겨루기 싸움에 농락당해 왔다. 이 섬에는 차별과 빈곤 그리고 여성에 대한 폭력과 착취가 존재한다.

나아가 이 섬은 일본뿐만 아니라 전 세계에서 수많은 관광객이 몰려오는 유명한 휴양지다. 일본인은 정말 모두 오키나와를 좋아한다. 그러는 한편, 오키나와에 미군기지와 빈곤을 강요하면서 태연자약하게 오키나와의 푸르고 아름다운 바다를 누비고 다닌다. 그 정도로 우리는 무신경하다.

이처럼 고난과 숱한 사건들로 얼룩진 복잡한 오키나와, 다양한 오키나와, 분단된 오키나와를 알면서도 여전히 나는 오키나와를 좋아한다고 말할 수 있을까?

그렇다. 나는 오키나와를 좋아한다. 수년 동안 나는 스스로 오키나와를 좋아하는 감정을 억눌러왔다. 오키나와를 좋아한다고 생각해선 안 된다고 생각했다.

나는 오키나와에서는 '관광을 즐기지 않는다'. 그 대신 나는 관광지도 그 무엇도 아닌, 현지인들밖에 없는 평범한 오키나와 주택지의 골목길을 하염없이 걷는다. 그리고 이름 없는, 평범한 오키나와 사람들의 삶에 귀 기울인다. 그렇게 오키나와와의 인연을 이어가고 있다.

08.02
여인상 몽동 발견
U-16   다.-146

→ 인물상?
(남자)

орнаменты. 시기처 인간에서 비슷한
모양이 있음. 아마도 шаманский орнамент

· 여인상 바로 밑에서 posbal kepainuku.
(крышка)

· 2섹터 여인상 발견 (미니어처).

· 1섹터 동벽따라 posbal kepallaku,
sylaba, 속을 알껜 길이: 130cm정도
파편.

강인욱(고고학자)

고고학자의 '짠내투어'
There is no 'Indiana Jones'

국내에서 상당히 드문 전공인 고고학을 주제로 연재를 하고 책을 쓰면서 재밌는 현상을 발견했다. 잡지나 책의 에디터들 대부분이 고고학 관련 책을 준비하면서 '여행' 또는 '기행'이라는 제목을 선호한다는 것이다. 그냥 '고고학'이라고 하면 뭔가 음침하고 고리타분한 유물이나 어려운 내용이 떠오르는 반면, '여행'이라는 키워드와 결합하면 그 이미지는 완전히 바뀐다. '고고학자의 여행.' 보라. 뭔가 중절모를 쓰고 한 손에는 보물지도가 그려진 노트, 다른 손에는 칼을 쥔 채 밀림을 헤쳐 나가는 모습이 떠오르지 않는가.

고백하자면 내가 쓴 책 상당수의 제목에도 '여행'이나 '기행' 같은 단어가 들어가 있다. 하지만 내가 먼저 그런 제목을 제안한 적은 없다. 나에게 현장 조사나 유적 탐사는 고고학자로서 가장 즐거운 여행이기도 하지만, 좀 더 현실적으로 말하면 전문가로서 능력을 숨 가쁘게 발휘해야 하는 짠 내 나는 삶의 현장이기 때문이다. 뭐, 전 세계 고고학자가 다들 비슷하겠지만, 유독 해외답사와 조사를 많이 하는 나에게 여행은 한정된 시간에 유라시아 전역을 돌아다니면서 꼭꼭 숨어 있는 유물과 (때로는 현지 공안과) 숨바꼭질을 하는 과정에 가깝다. 화려한 박물관이나 대도시를 찾는 일은 거의 없고, 쉽게 가기 어려운 지역을 다니면서 성과를 올려야 한다. 여행은 즐거움 못지않게 괴로움이 많은, 마치 전쟁터 같은 현장인 셈이다.

실제로 코로나 사태 이전에는 거의 빠짐없이 일 년에 열 번 이상 해외 조사를 나가고 학회에 참석해야 했다. 주 행선지는 남들이 선호하는 유럽이나 미국의 대도시가 아니라 중국 북쪽의 내몽골과 몽골, 신장, 시베리아와 카자흐스탄 등. 영화 〈인디아나 존스〉를 보면 존스 교수가 학생들이 밀어닥치자 문을 걸어 잠그고 도망치듯 떠나는 장면이 나오는데, 현실에서는 일어날 수 없는 상황이다. 수업과 학생 지도 등 학교에서 요구하는 의무를 어긴다는 것은 상상할 수 없기 때문이다. 그러니 시험기간이나 방학을 이용해서 집중적으로 다니고, 새벽에 공항에 도착해서 강의실로 직행하는 일이 부지기수다. 〈인디아나 존스 : 크리스탈 해골의 왕국〉(2008)에도 의미심장한 장면이 스치듯 지나간다. 학교 일은 외면하고 사방을 돌아다니면서 밤낮으로 여행을 하는 인디아나 존스에게 "당신 선생님 맞아요?"라고 묻자 존스는 "가끔씩(part-time)"이라고 심드렁하게 답한다. 미국에도 만연한 고고학자의 애환 섞인 불만이 투영된 답변인 듯하다.

아무도 없는 초원 한복판에서 때로는 가슴 벅찬 감동을, 때로는 허탈감을 맛보다 보면 몸은 녹초가 되어가기 마련이다. 하지만 정작 내가 전공하는 분야를 제대로 평가하고 알아주는 사람은 국내에 거의 없다. 심지어 어렵게 조사한 유물이 박물관에 전시된다고 해도 나 혼자만의 기쁨으로 그칠 뿐이다. 유물을 발굴하고 조사한 사람의 이름을 써주는 박물관은 거의 없기 때문이다. 그러니 어지간한 체력과 '오타쿠'적인 감성이 없다면 감당하기 어려운 것이 고고학자의 여행이다.

시간과의 전쟁

코로나로 세상이 얼어붙고 나서 처음에는 '여행의 스트레스'(엄밀히 말하면 '출장 스트레스')에서 벗어나게 돼 한편으로 마음이 편하기도 했다. 나의 여행은 언제나 시간과의 전쟁이었다. 정해진 시간 동안 넉넉지 않은 출장비로 목적을 달성해야 하고, 짧은 시간에 수많은 유적과 유물을 보아야 하는 긴장의 연속이다. 식도락은 꿈도 못 꾼다. 유물 한 점, 박물관 하나를 더 보기 위하여 하루 종일 흙길을 다니는 일은 부지기수다. 그렇게 힘들게 유적지나 박물관에 도착하더라도, 또 무거운 DSLR 카메라를 들고 한 시간 동안 사진을 기본 500~600장은 찍어야 했다.

그런데 사진 찍는 일보다 더 어렵고 중요한 일이 있다. 기억하고 기록하는 일이다. 파김치가 되어 저녁에 숙소에 도착하더라도 기억이 날아가기 전에 사진을 정리하고 메모를 해두어야 한다. 하루의 피로를 씻어주는 보드카를 들이켜면서, 휘발성 강한 기억의 편린들을 꼼꼼히 기록해두는 일은 유라시아 사방을 다니는 고고학자의 기본이다.

흔히 보물찾기가 주 내용인 영화에는 고고학자의 노트가 등장한다. 보물이 있는 곳을 탐험했던 고고학자가 남긴, 너덜너덜한 수첩에 그려진 보물지도를 들고 여행을 떠나는 클리셰. 사실 이것은 상당 부분 실제에 기반을 둔다. 고고학자의 여행에서 '야장(野帳)'이라 불리는 작은 노트는 필수품이다. 주머니에 쏙 들어가는 크기의 수첩에는 발견된 유물, 여정 그리고 수많은 여행의 정보가 빽빽하게 적힌다. 유적의 약도는 기본이요, 갓 발견한 유물의 스케치와 탁본도 들어간다. 일종의 보물창고인 셈이다. 여기에 현장에서 긴요한 축척과 비상연락망, 때로는 동료들에 대한

08.03 3일째 밤

ровн. пловина прошла со всего срока.
- 오전 зачистки I сектора.

2.3P

175 -135
 210   -40

낭떡 두께 벽선분제

B.E: 벽선을 깎았다.   B.E는 벽선으로전속

B.E. намного разсердился из-за нашего
предложения расширения траншеи.

전의 도리에 안 맞음. 벽선이 일정히
높이가 낮음 ← 지속적으로 (данные чаще) 발견.
보성은 토기에 너무 얽매어 있음.

B.E переживал

불평도 적혀 있기 마련이다. 지금이야 다양한 디지털 기기가 발달해서 기억 보조장치로 쓰이지만, 과거에는 오로지 빠르게 갈겨쓴 몇 페이지 종이를 통해 위대한 발견이 알려지고 책이 탄생했다.

사정이 이러하니 자신의 야장에 대한 고고학자의 애정은 남다를 수밖에 없다. 나도 출장을 준비할 때 가장 먼저 야장부터 만들고 여정이나 정보를 조금씩 붙여나간다. 그리고 여행 중에 약간의 틈만 나면 방금 본 수많은 자료와 광경들을 담는다. 마치 내 지식의 USB 스틱처럼 쓰는 셈이다. 이후 여행을 마치면 여러 자료들을 다시 보완해 서고의 한쪽에 꽂아 둔다. 고고학자의 서가에 일렬로 꽂힌 야장은 수많은 여행의 대가로 받은 일종의 훈장이기도 하다. 여행은 야장이라는 노트로 박제되고 역사로 새롭게 부활한다. 진정한 고고학자의 여행은 자기가 발견하고 느낀 것을 적고 기억할 때에 비로소 완성된다. 기록되지 않은 여행은 의미가 없다.

그런 나의 야장이 2○○○년대 초반부터 점차 줄어들기 시작했다. 노트북을 사용해 자료를 파일로 만들고 사진도 DSLR 대신 스마트폰으로 찍으면서 야장의 효용이 사라진 것이다. 특히 스마트폰 사진은 찍는 순간 시간과 공간의 위치가 자동으로 기록되니 몇 시 도착, 몇 시 출발과 같은 기본 정보는 물론이요 순식간에 구글 맵에서 내 여정을 확인할 수 있다. 디지털의 효용이다.

그러나 디지털 정보는 당장은 편리하지만 휘발성이 너무 강하다는 단점이 있다. 나도 사피엔스인지라 손과 머리를 열심히 써서 기록한 야장의 내용이 머릿속에 더 잘 남아 있다. 게다가 디지털카메라는 별도의 비용이 거의 들지 않으니 기관총처럼 찍어대고, 결국 꼭 필요한 정보를 정리하는 데에 더 많은 시간을 쓰게 된다. 아무리 명석한 머리라도 하루에 1,0○○장이 넘는 디지털 사진 정보와 유물을 정리하는 것은 쉽지 않다. 이제 고고학자의 여행은 시간과의 전쟁에서 디지털과의 전쟁으로 바뀌었다.

구글이 대신 야장을 써주는 디지털 시대가 편리한 듯하지만, 마냥 좋아하기만 할 일은 아닌지 모른다. 인공지능이 고고학자의 여행을 대신하는 야장을 써주는 날이 오면, 그다음엔 고고학자가 직접 여행을 다니지 않아도 되는 날이 올 수 있으니 말이다.

말갈 전사와 양배추김치

2차 세계대전 전까지 고고학은 귀족의 전유물이었다. 파이프를 물고 여유롭게 자연과 유적을 즐기며 상념에 빠지는 장면이 그렇게 현실과 동떨어진 것은 아니었다. 영화 〈더 디그(The Dig)〉에서 귀족 부인이 자신의 영지를 한가롭게 발굴하며 인생을 반추하는 모습처럼 말이다. 하지만 이는 이제 옛날 얘기다. 더 이상 귀족들의 고고학이라는 것은 존재할 수 없다. 설사 자신의 토지에 거대한 고분이 있다고 해도 그 고분의 발굴권과 유물은 국가에 귀속되기 때문이다. 내 집 마당에 금관 같은 보물이라도 나온다면 그 순간 재산권을 행사할 수 없는 '국가의 땅'이 되어버린다. 그러니 만약 억 대의 재산과 부동산을 기반으로 옛 보물을 가지고 싶다면 고고학 발굴 현장이 아니라 소더비 경매장으로 가는 것이 빠르다.

실제 고고학 여행은 여유나 상념과 거리가 멀다. 고고학자들은 한정된 연구비 그리고 시간과 사투를 벌인다. 하지만 이런 사정을 이해할 리 없는 현지의 느긋한 담당자들이 애를 태운다. 얼마 전 중국 신강성의 알타이시에 있는 박물관에 갔을 때였다. 무더운 카라마이 사막을 열 시간 넘게 관통해 간신히 도착했더니 정작 박물관은 잠겨 있었다. 몇 달 전부터 철석같이 약속해둔 담당자가 정작 당일에 친척집 잔치 소식을 전해 듣고 갑자기 사라져버린 것이다. 하루를 더 기다리면 모든 조사 일정이 뒤틀리는 상황이었다. 결국 현지 관계자에게 사정사정해서 잔칫집에서 춤을 추는 담당자를 불러올 수 있었다. 그때 우여곡절 끝에 조사한 사진들을 보면 지금도 흥겹게 춤을 추는 위구르 사람들의 모습이 어른거리는 듯하다.

중국 네이멍구의 작은 도시인 닝청(寧城)의 박물관도 잊을 수 없다. 지금은 제대로 된 식당 하나 찾기 어려울 정도로 작은 시골이지만 요나라의 수도인 요중경이 있던 곳이다. 워낙 외지고 작은 도시의 박물관인지라 우리가 갔을 때에는 전기료를 아낀답시고 전원을 모두 내리고 담당자가 일찍 퇴근한 상황이었다. 결국 흐릿한 휴대전화 불빛에 기대 유물을 조사할 수밖에 없었다. 그래도 너무나 감격스러울 따름이었다. 닝청박물관은 이전에도 세 번이나 방문했지만 번번이 잠겨 있었기 때문이다.

사실 급하게 유물만 조사하며 다니는 것이 능사는 아니다. 고고학자의 여행에서 현지인들로부터 듣는 정보는 매우 중요하다. 농부가 갈아놓은 밭고랑 사이에서 깨진 토기 조각을 발견하기도 하고, 파괴된 무덤에서 나온 그릇이 개 밥그릇으로 쓰이는 걸 보게 되는 경우도 제법 있다. 그러니 현지인들과 다양하게 어울리면서 여유롭게 술 한잔 기울이는 것이 수많은 답사보다 나은 결과를 가져오기도 한다. 그냥 술만 먹고 끝나는 경우가 많지만, 현지 주민들과 술이나 차를 마시면서 그들의 이야기를 듣는 것은 어떤 여행에서도 만날 수 없는 색다른 체험이다. 물론 고고학이란 것을 평생 접해보지 못한 시골 주민들에게서 고급 정보를 얻으려면 참을성이 필요하다. 그래도 현지인들과 술 한잔 기울이면서 찾아낸 유물로 새롭게 역사를 쓰는 경우도 있다.

중국어로 흑룡강, 러시아어로 아무르강은 지금은 두 강대국인 중국과 러시아가 400년을 두고 대치해온 지역이다. '나선 정벌', '알바진 요새의 전투', '네르친스크 조약'처럼 어디서 들어본 듯한 사건이 모두 여기에서 벌어졌다. 그 이전에는 발해의 기층집단이기도 했던 말갈이 살았다. 대표적인 국경도시인 블라고베셴스크대학의 박물관에는 이 지역에서 지난 100여 년간 발굴한 유물들이 전시되어 있는데, 그중 기묘하게 생긴 석상이 하나 있다. 마치 아이들이 좋아하는 애니메이션 〈라바〉의 주인공처럼 생긴, 길쭉한 머리를 한 말갈 전사 석상이다.

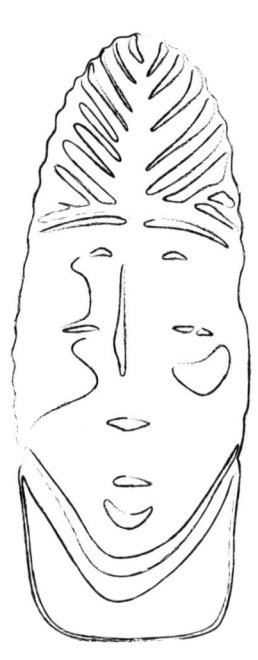

이 석상이 발견된 상황이 재미있다. 아무르주의 '콘스탄티노프카'라는 동네를 조사하던 고고학자가 한잔하고 가라는 어떤 농가에서 식사 대접을 받았다. 러시아 사람들의 식탁에는 김치 같은 것이 꼭 빠지지 않고 올라간다. 독일어로 사워크라우트(sauerkraut)라고 하는 일종의 양배추절임이다. 새콤달콤한 것이 맛도 좋지만 비타민이 풍부해 추운 북구 지역에서는 필수 음식이다. 고고학자 손님을 맞이한다고 주인은 겨우내 땅속에 묻어서 절여둔 배추절임통을 꺼냈는데, 그 위를 묵직한 돌이 누르고 있었다. 배추를 제대로 발효시키기 위해 얹어놓은 돌이었다. 바로 그것이 1,200년 전 말갈 전사 석상이었다. 편두(褊頭)처럼 머리는 길쭉하고 작은 눈과 광대뼈는 이 지역 말갈의 후예인 토착

원주민과 비슷한 형용이었다. 농부가 수십 년 전 어딘가를 파다가 말갈의 무덤을 건드렸는데, 다른 유물은 그냥 버리고 양배추김치를 담글 때 요긴한 묵직한 돌만 들고 온 것이다. 그렇게 1,200년 전 말갈 전사는 영화 〈미라〉에 나온 부활한 파라오 전사처럼 부활해 김장이라는 새로운 임무를 수행하게 된 것이었다.

농부는 기가 막힌 양배추김치의 맛을 자랑하고 싶었지만, 정작 손님은 김치 맛보다는 석인상에 흥분했다. 고고학자의 예상치 못한 반응에 농부는 영문도 모르고 당황했지만 곧 상황을 이해하고 그 유물을 고고학자에게 선물했다. 그 후 말갈 전사 석상은 러시아 아무르주를 대표하는 유물이 되었다.

누군지 모르지만 그 석상을 만든 장인은 자기가 만든 작품이 시대를 건너서 수많은 사람들의 눈과 입맛을 만족하게 했다는 것을 알았다면 정말 기뻐했을 것 같다. 말갈 전사 석상은 지금도 박물관의 대표적 유물로 세 번째 임무를 수행 중이다. (농부가 유물을 기증한 뒤에 무엇으로 김치를 눌렀는지는 알려진 바 없다. 그 지역을 답사할 기회가 있다면 꼭 들러서 확인해보고 싶다. 기가 막힌 양배추김치의 맛도 함께 말이다.)

낮술 같은 고고학자의 여행

초기 인류가 170만 년 전 아프리카를 떠나면서 인류의 여행은 시작되었다. 그 이래 인간에겐 수많은 여행이 있었다. 그중 하나인 고고학자의 여행은 한마디로 정의한다면 '낮술'과도 같다 할 수 있겠다. 낮술이라는 게 본인은 기분 좋을지 모르지만 정작 옆에서 보는 사람들은 혀를 차는 안타까운 일이다. 고고학자의 여행도 비슷한 것 같다. 남들 다 가는 관광지가 아니라 듣도 보도 못한 산과 숲속에서 모기에 뜯기며 조사를 하고, 비포장도로를 달리면서 노트북을 두드리는 팔자다. 그렇게 고고학자들은 일생의 대부분을 길 위에서 보낸다. 황금 같은 보물은 거의 볼일 없고 흙구덩이 속에서 캐낸 토기편을 만지작거리면서 평생을 보낸다. 하지만 그 혼자만의 즐거움이 없었다면 박물관의 수많은 유물도 없었을 것이다. 고고학자의 여행은 고난이지만 그 결과는 우리 모두의 유산으로 남는다. 흔히들 여행에서 '무언가 남는 것'이 있길 바란다. 고고학자의 여행은 그 무언가를 남기는 가장 확실한 방법 중 하나일 것이다.

QUESTION 7

여행은 무엇을 하는가?
What does tourism do?

박세진
인류학자

Illustration by Lee Yoon-Ho

"나는 여행이란 것을 싫어하며, 또 탐험가들도 싫어한다." 인류학자 클로드 레비스트로스는 《슬픈 열대》를 이렇게 시작한다. 여행과 탐험가의 무엇이 문제인 걸까? 여행과 탐험가를 싫어하는 (여기서 '싫어하다'로 번역된 불어 'haïr'는 혐오, 증오에 가까운 강력한 감정을 내포한다) 그는 왜 1930년대 브라질 열대 우림에서 행한 자신의 민족지적 탐사 경험을 굳이 기록으로 남긴 것일까?

레비스트로스가 거부하는 것은 소위 '미개'와 '원시'의 세계를 목적지로 하는 당대 서구인들의 여행, 말하자면 제국주의적 시선의 여행이다. 그가 싫어하는 탐험가들은 모험이라고 불리는 "추억들의 찌꺼기"와 재포장된 "낡은 정보 나부랭이들"을 적당히 버무린 여행기들을 팔아먹는 이들이다. 타 문화와 이국적인 것에 대한 소박한 관심에서 출발하는 이러한 여행/여행기는 결국 '자기의 확인'으로 끝맺는다. '미개인'들의 '미개함'을 통해 서구인들은 자기 문명의 우월성에 대한 충만한 확신을 얻는다. 여행과 탐험가들을 싫어하는 레비스트로스가 그럼에도 자신의 '인류학적 여행'에 독자들을 초대하기로 결정했다면, 그것은 인류학의 한 효과가 바로 자기에 대한 비판적 성찰을 추동하는 데 있기 때문일 것이다. 이때의 자기는 '나로서의 자기'와 특정 사회·문화에 속한 '우리로서의 자기'는 물론, 비인간 존재들과 마주선 '인간으로서의 자기'이기도 하다.

'보복 소비'로서 여행

오늘날 누군가가 여행을 싫어한다고 말할 이유가 있을까? 우리가 여행을 싫어할 이유가 도대체 하나라도 있을까? 이런저런 책들과 신문·잡지의 기사들, 가깝게는 인터넷을 떠돌아다니는 여행기들은 크게 두 가지를 기록한다. 본 것에 대한 기록과 소비한 것에 대한 기록이 그것인데, 사실 둘은 하나로 종합될 수 있다. 오늘날의 여행은 맛난 음식과 탐나는 물건을 '보고 소비'하는 일, 멋진 경관을 '보기 위해 소비'하고 '보면서 소비'하는 일로 환원된다. 인스타그램에서 '#여행'을 검색하면 가득 쏟아지는 것이 바로 봄과 씀의 이미지들 아닌가? 이 이미지들 안에 갇혀 있거나 그것들을 만들어낸 여행자들은 '소비 순례자'라고 불러야 마땅하지 않을까? 오늘날의 '여행하는 자기'는 이색적인 것의 소비를 위한 탐험처럼 여행을 조직하고 경험한다. 오늘의 탐험가들이 유통하는 "추억들의 찌꺼기"와 "낡은 정보 나부랭이들"의 홍수는 이 같은 결론을 피할 수 없게 한다.

이렇게 놓고 보면 여행을 통해 일상에서 벗어난다는 말에는 사태를 오도하는 측면이 있다. 우리의 일상이 바로 소비의 연속이기 때문이다. 그런데 일상의 또 다른 절반은 노동의 시간으로 채워지므로, 여행은 좀 더 정확히 말해 일상의 일면적 증폭이다. 바로 그래서 여행은 사람들을 들뜨게 한다. 임금을 위해 노동하고 임금을 통해 소비하는 보통의 우리는 임금노동하지 않고 소비하는 삶을 꿈꾸는데, 이 불가능한 꿈이 예외적으로 도래하는 순간이 여행이다. 그렇기에 우리는 여행을 기다리고, 그렇기에 지나간 여행은 꿈만 같다.

지금 우리가 통과하고 있는 코로나의 날들이 이러한 관찰을 확인해준다. 언론이 일깨우는 바에 따르면 우리 중 많은 이들이 여행에 갈증을 느끼고 있으며 이를 '보복 소비'를 통해 풀고 있다고 한다. 그런데 여행이야말로 소비 순례이므로, 코로나로 발 묶인 우리는 소비의 갈증을 풀기 위해 소비하는 셈이 된다. 이 사실은 이때의 우리라는 '집합적 자기'가 어떤 존재인지 분명하게 보여준다. 우리는 소비를 통해 채워야만 하는 '결여'를 가진 자기다. 돈을 탕진해서라도 메워야 할 결여를 가진 자기, 다른 무엇도 아닌 소비에서 소소하지만 확실한 행복을 찾으려는 자기가 우리다.

이 자기를 특징짓는 결여는 코로나가 증폭시킨 것일 뿐, 코로나 때문에 생긴 것이 아니다. 결여는 무엇보다 우리가 노동의 일상을 체감하는 방식이다. 보통 우리의 노동은 임금을 얻기 위해 감내하는 것, 우리 자신의 의지가 조직하는 것이 아니라 타자의 의지에 우리의 몸과 마음을 복속시키는 것이기에 결여로 체감된다. 구닥다리 말처럼 들리기도 하지만, 우리의 노동은 '소외된 노동'이기에 우리 안에 결여를 만들어낸다. 조금 더 새로워 보이는 자크 라캉의 개념을 원용하자면, 임금노동의 시간은 '그것이 아니었다면 얻을 수도 있었을 향유'를 포기하는 것이기에 '향유의 결여'로 경험된다. 소비는 결여로서의 노동을 감내해야만 하는 우리에게 유일하게 허용된 기쁨, 말하자면 '소외된 기쁨'이다.

사실 우리 모두는 이 기쁨의 휘발성을 잘 알고 있다. 소비를 통해 우리는 임금노동의 시간(그 치욕과 인고의 시간)에 '보복'하려 하지만, 그야말로 찰나에 불과한 소외된 기쁨은 우리 각자를 다시 소외된 노동의 시간 속으로 되돌려놓는다. 우리는 향유의 결여를 메워줄 '잉여향유'를 소비를 통해 얻을 수 있으리라 상상하지만, 그것은 마치 밑 빠진 독을 통과하는 물처럼 우리가 가졌다고 믿는 순간 사라지는 것일 뿐이다.

이러한 밑 빠진 독의 구조를 체현하고 있는 자기, 향유의 결여와 잉여향유의 순환에 꼼짝없이 붙들려 있는 자기가 오늘날의 여행자다. 여행은 이 자기에게 잉여향유를 약속하되 결코 그의 결여를 채워주지 않는 것이다. 그러니 레비스트로스가 여행을 싫어했던 것과 비슷한 이유에서 어쩌면 우리도 여행을 싫어해야 할지 모른다. 여행은 우리의 몸과 마음을 다시 임금노동을 감내할 수 있는 상태로 갱신해준다. 여행은 임금노동과 소비의 순환, 향유의 결여와 잉여향유의 순환을 통해 정의되는 자기를 재생산한다. 더 멀리 떠났다 올수록 지금 여기에서의 삶이 더 확고하게 긍정된다. '일 년에 한 번쯤 해외여행을 할 수 있다면 이렇게 사는 것도 괜찮은 것 아닌가?'

코로나, 자본주의, 여행

여기서 한 발 더 나아가야 한다. 우리가 향유의 결여와 잉여향유 사이에 붙들리는 이유는 우리 사회가, 즉 자본주의 생산양식이 지배하는 이 사회가 둘 사이의 순환을 자신의 동력으로 삼기 때문이다. 따라서 코로나의 날들 역시 우리 각자 안의 갈등을 넘어 자본주의 문명의 고유한 갈등과 관련해서 논해져야 한다. 코로나 바이러스의 창궐을 둘러싼 의견들의 합창—인간은 자연을 착취해왔다, 인간은 자연을 교란하고 훼손하고 더럽혔고 지금 자연은 코로나를 통해 '가해자'에게 보복하고 있다, 코로나는 임박한 파국의 전조다 등등—에서 공통의 음표를 이루는, 인간에 대한 자연의 반격이라는 진단이 이를 위한 사고에 질료를 제공한다.

일단 자연이라는 관념 자체에 대해 다시 생각해보자. 위의 진술들이 분명히 보여주듯 우리 '근대인'은 자연을 자신과 분리되어 있는 것으로 표상하는데, 인간/자연 또는 문화/자연의 이 같은 이분법은 당연히 자본주의와 무관하지 않다. 자본주의의 문명사적 특이성은 모든 것을 획득해야 할 잉여향유의 원천으로 바라보는 집요한 관점, '제때 움직이지 않는다면 잃어버리게 될 것'을 포착하는 탁월한 능력에 있다. 그것은 선점하지 않으면 놓쳐버리게 될 시장일 수도, 사탕수수 재배를 위해 사라져야 할 브라질의 원시림일 수도, 내 것으로 만들어야 할 잉카제국의 금은보화일 수도 있다. 자본주의는 온갖 곳에서 잉여향유(자본의 언어로는 잉여가치)의 원천을 보며, 실상 자본은 언제나 그것을 찾아 세계를 여행해왔다. 그 가운데 모든 것들이 수단화·대상화되며, 또한 수단에 불과한 대상과 그것을 이용하는 주체 사이의 대립이 조직된다. 그렇게 '제국'은 수단일 뿐인 식민지(원주민)와 자기를 분리한다. 자본가는 수단일 뿐인 임금노동자와 분리되며, 자본주의적 인간 일반은 수단일 뿐인 물건들과, 그리고 자본주의 사회는 수단일 뿐인 자연과 스스로를 분리한다.

이 잉여향유의 원천들은 결국에는 파괴되고 버려지기에, '자연의 반격'이라는 생각은 일견 합당해 보인다. 하지만 그것은 자연/문화의 관념적 분리를 전제한다는 점에서는 여전히 근대적(자본주의적) 관점일 뿐이다. 세계사는 인간이라는 실체와 자연이라는 또 다른 실체 사이에 이뤄지는 게임과 같은 것이 아니다. 자연은 저기 멀리 있는 것, 단지 가끔 인간에게 영향을 미치는 외부가 아니라 우리 몸을 관통해 항상 이미 작용하는 것이다. 인간의 몸을 열면 거기에는 자연이 있다. 인간들 사이의 관계 생산에도 언제나 자연이 개입한다. 환경사학자 제이슨 무어(Jason Moore)가 말하듯 인간이 행하는 모든 일은 '생명의 그물 속'에서 행해지는 일이며,❶ 자본주의는 이 그물 속에서

1.
제이슨 W. 무어 저, 김효진 역, 《생명의 그물 속 자본주의》, 갈무리, 2020년.

QUESTION 7

문화비평   여행은 무엇을 하는가?

박세진(인류학자)

63   SURROUNDINGS

인간과 비인간이 공동생산한 관계들과 다름없다. 자본주의는 자연에 '대해' 작용하는 것이 아니라 자연을 '통해' 전개되는 것이다. 그리고 잉여향유를 향한 '맹목'은 자연을 자신의 내부에서 재조직하면서 이뤄지는 자본주의의 자기 전개를 이끄는 '관점'이다.

　　　마무리를 짓자. 문제의 원천은 인간 일반, 인류라는 추상이 아니다. 문제는 자본주의와 그 내적 자연을 이루는 인간이다. 자본주의 시스템과 그것의 인격화로서의 자본주의적 인간은 끝없이 잉여향유를 좇는다. 자본가는 경쟁에서 도태되지 않기 위해서 잉여가치를 생산해야만 하고, 자본주의 경제는 붕괴하지 않기 위해 무한히 성장해야만 한다. 잉여, 플러스, 이익에 대한 시스템의 맹목적 지향과 분리해서 생각할 수 없을 코로나 범유행이라는 사태 앞에서, 우리 각자가 여행으로 대표되는 잉여향유에 대한 갈망을 경험하고 있다는 사실에는 실로 의미심장한 데가 있다. 자본주의는 코로나 바이러스라는 비인간 존재를 자기 안에 받아들였고 그 결과 수많은 인간들이 죽임을 당했다. 그럼에도 '생명의 그물' 속에 살아남은 인간들의 실존적 관심은 유예된 잉여향유의 복원에 가 있을 뿐이며, 자본주의 시스템 역시 코로나의 난입으로부터 어느 정도 복원되자마자 곧장 잉여를 향한 눈먼 운동을 재개할 것이다. 그러니, 특히 지금 이 시점에서 우리가 여행을 문제 삼아야 할 충분한 이유가 있다. 그 여행의 시작과 끝에는 무엇이 있는가? 그것은 어떤 세계의 어떤 존재가 하는 여행인가? 우리의 여행은 코로나를 우리 곁으로 데려온 바로 그것에 의해 추동되는 여행이 아닌가?

SECTION 2

QUESTION 8

당신은 모르는 여행
Unseen things underneath you

안진국
미술평론가

예술미학

Photo by bady abbas on Unsplash

우르스 피셔, 〈당신〉, 2007, 메인 갤러리 공간 바닥을 굴착. 가변 크기. 뉴욕에 있는 개빈브라운스 엔터프라이즈갤러리 전시 장면.

© Urs Fischer. Courtesy of the artist and Gavin Brown's enterprise, New York. Photo by Ellen Page Wilson

여덟 시간 동안 와즈워스아테니움미술관(Wadsworth Atheneum Museum of Art)을 쓸고 닦았다. 무릎을 꿇고 미술관 바닥을 걸레질했고, 붙어 있는 이물질을 떼어냈고, 양동이로 미술관 계단에 물을 뿌리며 청소했다. 1973년 7월 23일의 일이다. 이 청소는 현대미술사의 한 페이지를 장식했다. 미술관 청소는 미술관에서 으레 있는 일상적인 일이다. 그런데 얼마나 대단한 청소였기에 현대미술사에 기록된 것일까?

미술관이나 갤러리는 대부분 속이 텅 빈 백색의 공간이다. 여기서 청소하는 사람을 보는 건 쉽지 않다. 사람의 흔적이 없는 비현실적 공간이어야 하기 때문이다. 통상적으로 이렇게 속이 텅 비고 창이 없는 백색의 전시공간을 '화이트큐브(White Cube)'라 부른다(백색이 아닐 수도 있다. 그래도 마찬가지로 화이트큐브라 부른다). 이 공간은 외부의 영향과 맥락을 차단하고 오직 미술작품 그 자체에만 집중하도록 의도적으로 무성의 진공 공간처럼 만들어진다. 그래서 어느 나라나 지역이건 상관없이 이 공간에 걸린 작품은 유사한 느낌을 준다.

20세기부터 생겨나기 시작한 화이트큐브는 어느 순간 전시 공간의 표준이 되어 세계 곳곳에 만들어졌다. 세계 도처에 화이트큐브가 생김으로써 미술작품은 지역의 특색이나 역사성, 환경에 영향받지 않고 자유롭게 어디로든 옮겨 다니며 전시할 수

있게 됐다. 이 전시 공간의 전제조건은 오직 미술작품만 존재한다는 인상을 줘야 한다는 것.

　이러한 무성적(으로 보이는) 화이트큐브는 현실세계와 구별되는 가상공간인 인터넷을 떠오르게 한다. 비물리적 공간으로 여겨지는 인터넷을 채우고 있는 것은 on(1)과 off(0)의 디지털 신호인 데이터다. 인터넷 공간에서 데이터는 이야기를 들려주고(텍스트), 그림을 그리고(이미지), 음악을 연주한다(소리). 데이터는 세계를 거미줄처럼 엮고 있는 인터넷을 타고 세계 구석구석을 떠돌며 다양한 사람들과 만난다. 데이터는 한국과 쿠바와 프랑스와 아프리카를 동시에 여행할 수 있을 뿐 아니라, 그 나라 사람들에게 다양한 지식과 즐거움을 줄 수 있다. 그런데도 데이터의 세계는 현실세계와는 다른 세계라 여겨진다. 데이터와 그것이 여행하는 공간인 인터넷에는 인간의 땀과 숨결, 살냄새, 피부에서 떨어져 나온 각질, 치워도 치워도 존재하는 머리카락 같은 것은 전혀 존재할 수 없다. 표면적으로는 그렇다.

　여행이 제한된 코로나19 팬데믹 시기에 미술작품과 데이터의 여행을 생각해본다. 미술작품이 세계 곳곳을 돌아다니며 백색의 공간에 걸리는 것을 떠올려보라. 데이터가 세계의 여러 사람을 만나는 장면을 떠올려보라. 얼마나 낭만적인가! 하지만 이 낭만적 여행에는 자신을 숨기고 일하는 어떤 이들의 땀방울이 맺혀 있다.

배신 : 그렇게 작품은 상품이 된다

미술관을 청소하는 사람에게는 청소 외에도 다른 중요한 임무가 있다. 바로 관람객의 눈에 띄지 않는 것. 이 은폐된 청소 행위를 전면에 드러낸 예술가가 바로 미얼 래더맨 유켈리스(Mierle Laderman Ukeles)다. 그녀의 미술관 청소는 일종의 퍼포먼스예술이었다. 유켈리스는 1973년에 행한 미술관 청소 퍼포먼스를 통해 전시 공간의 비현실성이 저임금 유지관리 근로자의 노동을 은폐함으로써 구축된 허구임을 보여줬고, 동시에 여성의 가사노동을 은폐하는 시스템을 은유적으로 드러냈다. 그녀는 자신의 퍼포먼스를 '메인터넌스 아트(Maintenance Art, 유지관리 예술)'라고 칭했다.

그런데 오롯이 미술작품만 볼 수 있게 한 것이 문제인가? 주변 환경이나 문화적 맥락에 영향받지 않게 아무런 특징 없이 무성적으로 만든 전시 공간이 어느 곳에서나 비슷한 미술작품 감상 경험을 제공한다면 좋은 것 아닌가? 세계 도처에 이러한 공간이 존재하기 때문에 미술작품이 어디서나 자유롭게 전시될 수 있고, 더 많은 사람이 같은 미술작품을 볼 수 있게 됐으니 나쁠 건 없지 않은가? 도대체 뭐가 문제란 말인가?

여기서 백화점을 떠올려보자. '작품'을 위한 미술관과 '상품'을 위한 백화점. 한쪽은 전시가 주목적이고 다른 쪽은 판매가 주목적이다. 백화점은 창이 없고, 비현실적 공간처럼 늘 깔끔하게 유지되고, 그곳을 청소하는 사람은 보이지 않아야 한다. 어쩐지 미술관과 비슷하지 않은가? 두 곳 모두 화이트큐브라 부를 수 있는 공간이다. 그러면 미술관이 백화점과 비슷하다는 사실이 의미하는 바는 무엇일까? 미술작품이 상품과 같은 상황에 놓여 있다는 것, 바로 미술작품의 상품화다. 외부 조건과의 단절로 미술작품은 어디에서나 자유롭게 전시할 수 있게 됐지만, 누구에게나 팔려도 전혀 이상하지 않은 '물건'으로 속성이 변했다. 이것은 화이트큐브가 의도하지 않았던 상황이다. 특히 예술가의 이름을 꼬리표처럼 달고 세계 어디서나 진열(전시)되고 거래될 수 있는 상품성을 갖게 된 것은 화이트큐브를 탄생시킨 초기 모더니즘이 추구했던 예술의 방향과 정반대다.

SECTION 2

모더니즘 미술이 산업혁명으로 촉발된 산업사회를 부정하며
등장했다는 사실을 상기할 필요가 있다. 경제적 효율성과 생산의
합리성만을 중요시하는 산업사회에 대항하고자 모더니즘 미술가들은
외부 조건, 즉 주변 환경이나 문화적·사회적·역사적 맥락을 배제하고
미술 내적 요소인 점, 선, 면, 색채, 구성 등의 조형성에만 집중했다.
이것이 바로 '예술을 위한 예술(l'art pour l'art)'이다. 이러한
미술작품을 전시하려면 외부 조건을 배제한 공간이 필요했고, 그
필요에 의해 화이트큐브라는 무성적 공간이 등장했다. 그런데 이
백색의 공간으로 미술작품의 자유로운 이동이 향상되자 도리어
모더니즘 미술이 대항하려 했던 산업사회의 대표적 특성인 상품성이
증폭된 것이다.

　　어쩌면 미술의 여행(이동성)이 상품화로 귀결된 것은 당연한
수순이었을지도 모른다. 벽이나 천장에 붙박이로 있던 미술에
자유를 준 '캔버스'가 15세기 유럽의 금융과 해상무역의 중심지였던
베네치아에서 적극적으로 수용되어 가장 활발히 사용되었다는
사실은 시사하는 바가 크다. 르네상스 시대의 화가이며 건축가였던
조르조 바사리(Giorgio Vasari)는 바다와 접해 있는 베네치아가 습한
기후 탓에 프레스코화를 제작하기에 좋지 않아 캔버스를 적극적으로
받아들였다고 한다. 하지만 그 당시 베네치아가 상업이 활발한 부유한
도시였다는 것을 고려한다면, 캔버스의 활발한 사용과 미술작품의
거래 사이에 밀접한 상관성이 있었을 것이라고 어렵지 않게 짐작할
수 있다. 캔버스 작품은 종이처럼 둥글게 말아서 가지고 다닐 수
있기 때문에 상품처럼 판매가 가능하다. 그 당시 베네치아 화단의
중심인물인 티치아노 베첼리오(Tiziano Vecellio)는 항상 밀려드는
주문에 시달렸다고 한다. 미술의 이동성(캔버스)이 부유한 도시에서
활성화될 수 있었던 것은 상품화 가능성을 발견했기 때문이리라.
캔버스나 화이트큐브의 의미는 낭만적으로 보면 미술의 자유와
여행이지만, 비판적으로 보면 미술의 판매와 유통인 것이다.

Photo by Kelvin Ang on Unsplash

만든 자연과 은폐된 노동 : 가짜 자연과 유령 인간이 인터넷에 산다

그럼 데이터가 여행하는 공간인 인터넷은 무엇을 숨기고 있을까? 무선 인터넷이 일상화된 시대를 살아가는 우리는 인터넷이 공기 중에 떠도는 어떤 것 혹은 물이나 수증기, 나무 같은 자연물이라고 상상하기에 이르렀다. 인터넷을 바다에 비유하며 관용어구처럼 "인터넷을 서핑한다"고 하고 '웹서핑'이란 용어를 사용한다. 온라인 테크 기업이 유·무료로 제공하는 데이터센터의 저장 공간을 '클라우드(cloud, 구름)'라 부른다. 그런가 하면 거대한 데이터센터를 '서버 팜(server farm)'이라 칭하며 식물을 재배하는 농장처럼 이미지화한다. 또한 암호화폐를 대가로 받기 위해 블록체인의 블록을 생성하는 행위를 '채굴(mining)'이라 부른다. 데이터와 그것이 이동하는 인터넷, 머무르는 저장 공간을 마치 자연스럽게(자동으로) 생성되고 자율적으로(자체적으로) 발전하는 자연물인 양 이름 붙인다.

  당연히 데이터도, 인터넷도 자연물이 아니다. 무선 정보통신의 발전으로 데이터가 전파가 되어 공기 중을 떠도는 건 맞지만, 결코 자연의 산물은 아니다. 인터넷은 숨 가쁘게 움직이는 거대한 인공적 물질일 뿐이다. 우리는 2018년 11월 24일에 있었던 서울 KT 아현지사 건물의 지하 통신구 화재를 통해 인터넷이 자연물이

아님을 느끼지 않았던가. 이 화재로 서울 일부와 수도권 지역이
통신 대란을 겪었다. 인터넷뿐만 아니라 일반 유·무선 전화, 은행의
현금지급기(ATM), 신용카드 단말기를 사용할 수 없었으며,
그곳에서 호스팅하는 웹사이트는 전 세계에서 접속이 불가능했다.
자연물은 자체적으로 재생할 수 있지만, 인터넷은 그럴 수 없다. 이
화재 사건에서 가장 바쁘게 움직였던 것은 빅데이터도, 인공지능도
아니었다. 바로 사람이었다. 사람이 끊임없이 이 거대한 물질적
구조를 시공하고 유지하고 보수하고 관리한다.

   어떤 기시감이 느껴지지 않는가? 바로 유켈리스가 예술을 통해
드러내고자 했던 '유지관리 노동' 말이다. 인터넷은 우리가 생각하는
것보다 훨씬 거대한 인공 물질이다. 우리가 외국의 웹사이트를
스마트폰으로 간단히 검색할 수 있는 것은 전 세계를 아우르는
엄청난 길이의 각종 전선(랜선, 동축 케이블, 광섬유 등)과 엄청나게
많은 데이터 관리 기기들(라우터, 서버 등)이 있기 때문에 가능하다.
인터넷은 바다 밑에 깔린 해저 광케이블을 따라 일본, 중국, 대만
등으로 연결되어 있고, 이는 다시 태평양을 건너 미국으로, 다른
한편으로는 동남아시아와 인도양, 수에즈 운하를 거쳐 유럽으로
연결되어 있다. 인터넷은 전 세계를 거미줄처럼 잇고 있는 광대한
인프라의 물질적 총합이다. 데이터는 이 인프라에 실려 어디에서든지
등장했다가 사라진다. 이 거대한 물질적 구조가 자연물 혹은
비물질적인 어떤 것처럼 보이는 것은 유지관리 노동자, 바로 사람이
있기 때문이다. 하지만 그들은 미술관의 유지관리 노동자처럼 데이터
세계에서 드러나면 안 되는 존재다.

   인터넷의 외부에 물리적 실체를 유지 및 관리하는 사람들이
있다면, 인터넷 내부에는 온라인 테크 기업이 의도적으로 숨기면서
하는 일, 즉 '고스트워크(ghost work)'를 하는 사람들이 있다.
이들 또한 인터넷에서 절대 모습을 드러내선 안 되는 존재다.
미국 국방성이 1969년 시작한 '아르파넷(ARPA net)'이라는
정보통신기술이 '인터넷'이라는 대중적 기술로 등장할 때만 해도
장밋빛 전망이 있었다. 인터넷은 전 지구적 차원에서 자유롭고
평등하게 소통할 수 있는 개방된 민주적 공간이 되리라 생각됐다.

하지만 우리는 지금 인터넷이 인간의 사악함을 고스란히 보여주는 거울이고, 욕망을 판매하는 광고판임을 깨닫고 있다. 그나마 인터넷에서 숨어 일하고 있는 고스트워커가 있어서 인간의 사악함과 욕망이 전면적으로 드러나지 않을 뿐이다.

  인터넷 데이터는 진실과 선함, 정의와 올바름, 평화와 사랑만 품고 있지 않다. 편견과 폭력, 광고와 선정성, 저주와 조롱, 조작과 가짜뉴스 등 넘쳐나는 혐오와 거짓, 차별, 물질적 욕망이 데이터에 가득 실려 인터넷을 타고 세계 곳곳을 흘러 다닌다. 온라인 테크 기업은 이러한 데이터들을 필터링한다. 인공지능으로? 아니다. 핵심 역할은 사람이 맡는다. 인공지능이 연산 능력은 엄청나게 뛰어나지만, 우리가 생각하는 것만큼 그렇게 똑똑한 건 아니다. 인공지능은 아주 분명하고 확실한 것만 구별해낼 수 있다. 그래서 온라인 테크 기업들은 이용자가 남긴 데이터 중 검토하기 힘든 부분을 사람에게 맡긴다. 고스트워커는 기계 속의 유령이 되어 SNS 이용자가 찍어 올린 은밀한 신체 부위가 '성인물 등급' 사진인지, 그저 신체 일부가 담긴 '일반 등급'인지 태그를 달고, 온라인에 올라온 단어가 외설적인 뉘앙스가 있는지 없는지 결정하고, 편견이 담긴 링크나 선정적인 링크, 광고 링크가 검색 결과의 상위 순위에 노출되지 않도록 모니터링한다. 이를 '콘텐츠 조정(content moderation)'이라고 한다.

  '데이터 눈알 붙이기'도 있다. 인공지능은 처음에 강아지와 고양이조차도 구별하지 못한다. 강아지 이미지에 '강아지', 고양이 이미지에 '고양이'라고 꼬리표를 달아서 입력해줘야 그때부터 둘을 구분할 수 있다. 인형에 눈알 붙이듯 데이터에 꼬리표를 다는 작업을 '데이터 라벨링(data labeling)'이라 부른다. 이런 정제된 데이터로 인공지능은 학습을 한다. 데이터가 많을수록 인공지능은 더 정밀한 판단을 하게 되는데, 인터넷에 수집한 데이터가 아무리 많더라도 오류투성이기 때문에 그것만으로는 올바른 결과를 기대하기 힘들다. 정밀하고 올바른 결과를 얻기 위해서는 인간의 땀이 들어간 정제된 데이터가 필요하다. 그 양은 많으면 많을수록 좋다. 이렇듯 무미건조해 보이는 데이터에는 사람의 땀, 숨결, 냄새가 진하게 배어 있다.

Photo by Apaha Spi on Unsplash

피, 땀, 친구

여행길에도 여러 타인의 땀과 숨결, 냄새가 배어 있다. 비행기와 버스, 기차, 택시에서 경험하는 호의, 식당과 카페, 선물가게, 미술관, 박물관에서 우리를 맞이하는 미소, 길을 물을 때 화답하는 목소리, 위험을 알고 다급히 흔드는 손짓…. 어쩌면 여행의 다른 이름은 '타인의 도움'일지도 모른다. 이들은 여행의 친구들이다.

      여행의 친구들은 미술작품과 데이터의 여행에도 존재한다. 하지만 숨어 있다. 지금도 그들은 창백한 전시 공간에, 기호로 가득한 데이터 공간에 숨어 있다. 그들은 왜 숨어 있는가? 혹시 우리 때문은 아닐까? 우리가 그들을 알아차리는 것을 불편해하기 때문은 아닐까? 우리의 여행은 불편과 편의 사이를 끊임없이 진동한다.

SECTION 3 / INSPIRING

- 타인의 풍경
- 사진이 도달한 곳
- 투자자 민영하 씨의 사례
- [스트레인저 싱스] 기묘한 나와 더 기묘한 사회의 심리학 1 – 뭉치거나 떠나거나

문학	김선오(시인)
사진에세이	이민지(사진가)
SF소설	심너울(소설가)
신경인류학	박한선(신경인류학자)

INSPIRING

Illustration by hosugi_93

QUESTION 9
문학

시인 김선오 타인의 풍경

Paysage des autres

이십 대 초반에 프랑스의 한 항구 도시에서 교환학생으로 일 년 정도 지냈던 적이 있다. 노르망디 지방에 위치한 르아브르(Le Havre)라는 이름의 도시였는데 프랑스 소도시 중 드물게 못생기기로 유명했다. 파리에서 만난 프랑스인들에게 "나 르아브르에 살아"라고 말하면 고개를 절레절레 저으며 "너 정말 운이 없구나"라고 말하는 그런 곳이었다.

도시의 못생김에는 사연이 있었다. 2차 세계대전 당시 노르망디 상륙작전에 의한 함포사격을 당해 도시 전체가 폐허가 되었고, 이후 급히 콘크리트로 쌓아 올린 볼품없는 모듈식 건물들이 르아브르의 대부분을 이루게 되었다고 한다. 생존을 위해 빠른 시간에 재건축된 도시답게 거리는 지저분했고 조경은 하나같이 성의가 없었다. 세계대전 이전까지는 폭격을 피한 근처의 다른 도시들처럼 고건물이 즐비한 고즈넉한 분위기였다는 이야기를 전해 들었지만 디스토피아적인 현재의 모습이 강렬하여 잘 상상이 가지는 않았다.

영불 해협에 위치한 르아브르는 영국과 가장 근접한 프랑스 도시이기도 했다. 날씨는 런던과 비슷하게 어둡고 흐렸다. 도심에서 조금만 걸어 나가면 해변에 닿을 수 있었지만 바다는 대체로 창백한 먹색이었다. 산책을 할수록 울적해지는 바닷가는 처음이었다. 인상주의 회화 속에 등장하는 희끄무레한 바다들이 대체로 르아브르의 풍경을 모델로 하고 있다고 했다. 우울증 환자는 이곳으로의 이주를 금해야 하는 것이 아닌가 하는 농담 반 진담 반의 이야기를 함께 생활했던 한국 친구들과 종종 나누고는 했다.

일 년간의 체류를 마치고 귀국하기 전 남프랑스로 떠났던 여행에서 느꼈던 박탈감은 아직도 선명하다. 풍요로운 일조량, 새파란 바다, 아름다운 건물과 밝은 표정의 사람들을 마주하며 어째서 나의 일 년이 그토록 척박한 곳에서 흘러갔어야 했는지 약간의 한탄을 했다. 환경도 환경이었지만 그곳에서의 생활은 여러모로 고단했기에 돌아오는 비행기에서 다짐했다. 프랑스에 다시 가게 되더라도 르아브르에는 절대 들르지 않으리라.

그렇게 싫어했던 도시의 기이한 모습은 귀국 후에도 한동안 꿈속에 등장했다. 대체로 하루 동안 보았던 장면들과 뒤섞이는 방식이었다. 서울의 골목길을 따라 걷다 보면 그곳의 바다에 도착한다거나, 경복궁 마당에 회백색 콘크리트 건물들이 늘어서 있다거나, 한국인 괴한에게 납치되어 르아브르의 더러운 거리 한복판에 위치한 기숙사로 끌려간다거나 했다.

글을 쓸 때에도 마찬가지였다. 내가 쓰는 소설과 시의 배경에 자꾸만 그곳의 풍경들이 무의식적으로 개입되곤 했다. 분명히 서울에서 발생하는 사건을 구상하고 작업을 시작했는데 소설 속 시간이 얼마간 흐른 뒤에 주인공이 자꾸 르아브르와 닮은 도시로 여행이나 이주를 한다든가, 다른 모티프로 쓰기 시작한 시 속의 화자가 어느 순간 폭격 이후 급히 지어진 조악한 건물들 사이를 걷고 있다든가 했다. 특히 바다가 등장하는 시를 쓸 때, 그곳의 황량한 해변이 아닌 다른 모습의 바다는 떠올리기가 어려웠다.

문제는 그것들이 쓰고 보니 꽤 괜찮아 보였다는 것이다. 폐허가 되었다가 급하게 다시 지어진 도시라니, 살 때는 지옥 같았지만 글로 다듬고 나서는 상당히 문학적으로 보였다. 나는 글로써 그곳의 일들을 가공하고 묘사하며 만족스럽지 않았던 지난 일 년의 삶을 납득해가는 스스로를 발견할 수 있었다.

이러한 행위에는 일면 징그러운 구석이 있었다. 르아브르의 모습이 등장하는 몇 편의 글을 쓰고 난 뒤 나는 어느 순간 고민에 빠지게 되었다. 고작 일 년 살다 온 도시를 이렇게 대상화해도 되는 것일까. 도시가 겪어온 일들을 자의적으로 편집하여 그것을 '문학적'이라는 과잉된 수사의 대상으로 삼아도 되는 것일까. 문학이란 대체 무엇인가.

나는 폐허가 되었던 도시의 개인들에 대해, 급히 지어진 건물 속에서 평생을 살아가는 사람들에 대해 아는 바가 없었다. 단지 그곳의 거리와 해변을 걸어보았을 뿐이었고, 도시의 역사에 대한 이야기를 어디선가 얻어들었을 뿐이었다. 타지인의 발화는 자신의 시선을 특권화한다는 비판으로부터 자유롭지 못할 것이었으나, 그곳에서 조금 살아보았기 때문에 스스로 일종의 발언권을 획득했다는 생각을 하고 있었다는 결론에 이르자 더 이상 르아브르를 배경으로 한 글을 쓰지 않기로 결심할 수밖에 없었다. 쓴다 하더라도 간략한 설명만 제시하여 도시의 역사를 과장하거나 세공하지 않는 방식을 택하고자 했다. 잘 되었는지는 지금도 잘 모르겠다.

그로부터 몇 년의 시간이 흘러 튀니지로 여행을 가게 되었다. 아프리카 대륙은 처음 가보는 것이었는데, 직항이 없어 파리 샤를드골공항에서 환승을 하고 튀니지공항에 도착하기까지 약 열아홉 시간이 걸렸다. 튀니지라는 나라에 대한 애정 탓에 그 긴 여정을 택한 것은 아니었다. 그곳에서 직장을 구해 살고 있는 대학 동기가 숙식과 교통편을 제공할 테니 놀러 오라고 권하였기 때문이다.

친구의 차를 타고 튀니지의 산과 바다와 평야를 발길 닿는 대로 들렀다. 동북아시아의 작은 나라에서는 볼 수 없었던 스케일의 자연 앞에서 나는 자주 압도되었다. 특히나 그곳의 하늘이 몹시 아름다웠다. 해질 녘마다 온 세상이 짙은 붉은빛으로 물들어가는 모습, 구름 낀 하늘의 틈으로 쏟아지는 직선의 빛, 길목마다 풀을 뜯고 있는 산양 떼의 등 뒤로 펼쳐지는 끝없이 푸른 하늘은 눈에도 잘 담기지 않아 버거웠다.

먹구름이 가득했던 어느 날, 차를 타고 한참을 달려 동쪽 끝에 도착했다. 그때 육지를 향해 거대하게 몰려오던 검은 바다 앞에서 동행한 한국인 모두는 말을 잃었다. 그러나 그곳에서 오래 살아온 듯한 몇 명의 주민들은 (우리 눈에는 너무나 어마어마했던) 바다의 모습에 눈길도 주지 않은 채 풍경의 일원처럼 그곳에서 대화를 나누거나 물건을 팔고 있었다. 당연한 일이었다. 나는 습관적으로 그들의 삶을 상상하고, 나름의 이야기를 떠올리다가, 르아브르를 소재로 쓴 글 속에서 저질렀던 실수들을 떠올리며 관두었다.

'풍경'이라는 단어 역시 사실은 타자의 것이었다. 단어에 얼마간의 과장과 낭만성이 깃들어 있다는 뜻이다. 나는 여행 갔던 도시의 이름을 제목으로 한 시를 여러 편 써왔고, 시집에도 몇 편이 수록되어 있다. 흔히 '여행시'라고 불리는 시들이다. 시 속에는 눈이 낡지 않은 이방인으로서의 경외감과 잘 모르는 곳을 글로 쓰는 자의 멋쩍음이 혼재하고 있다. 무언가에 대해 쓰는 행위는 타인 되기를 자처하는 일이지만, 동시에 완전히 타인은 아님을 선언하는 일이기도 했다. 일종의 오지랖인 셈이다.

    나는 이러한 오지랖을 이제 관두고 싶다. 외부의 것들을 자아에 복무하게 하는 방식으로 치환하는 글쓰기라면 조금 지겹다. '쓰고 보니 꽤 괜찮아 보이는 것들'이 이제는 예전처럼 괜찮아 보이지 않는다면 이제 무엇을 써야 하며, 또 쓸 수 있을 것인가. 튀니지에 다녀온 이후 지금까지 계속해온 고민이다. 철저히 관찰자로서 존재할 수밖에 없는 타지에서는 쓰는 일을 직업으로 가진 사람으로서의 반성이 나날이 짙어졌다. 여행으로부터 받는 영감이 클수록 그랬다.

쓰고 남기는 사람으로 살아가면서, 감응하는 것에 지나친 의미를 부여하지 않고, '문학적'이라는 과잉된 수사 밖에서 써나가는 일이 가능할지 모르겠다. 그러나 어느 순간부터 나는 내가 상상하지 않기를 바라왔다. 지금처럼 이렇게 쓸 수 없음에 대해 쓰기, 쓸 수 있었던 것들에 대해 고민하는 일을 반복할 뿐이다. 이렇게 더 이상 쓰지 못하는 것에 관하여 쓰는 일이, 쓰고 말하는 일의 비루함을 잠시 덜어줄 것이라는 믿음을 은근히 품으면서 말이다.

SECTION 3

QUESTION 9   문학   타인의 풍경   김선오(시인)

사진이 도달한 곳 / 이완지 / 사진가
WHERE PHOTOGRAPHS TAKE US

QUESTION 10
사진에세이

0.

국경이 닫힌 시간, 지난 사진들이 예고 없이 찾아왔다. '과거의 오늘'이라는 태그가 달린 사진들이 스크린에 떠올랐다. 사진은 먼 곳으로, 먼 시간으로 데려갔다. 한때 눈앞에 놓였던 장면은 사라진 지 오래였지만, 보았던 여행지의 풍경은 사진으로 남아 있었다.

장면들은 낯설었다. 처음이자 마지막으로 지나간 거리에서 만난 석양, 관광객들이 몸을 늘어뜨린 해변과 수평선, 모르는 이의 뒷모습, 머물렀던 방의 창문으로 들어오는 빛의 기울기, 카메라로 마주한 이의 얼굴 같은 것들이었다. 사진에 붙박인 장면은 그때 눈이 거기에 위치했음을 증명하고 있었지만, 복기하지 않았더라면 기억했을지 모를 광경들이었다.

INSPIRING

1.
흔들리던 열차의 창밖 풍경도 그런 기억 중 하나였다. 지금은 이동이 제한된 경로 위, 낯선 도시에서 또 다른 낯선 도시로 이동하던 길이었다. 눈 덮인 언덕과 나무들, 어둑한 하늘과 띄엄띄엄 위치한 건물들이 내는 불빛, 반사된 열차 내부가 유리창에 맺히는 동시에 지워지며 지나갔다. 눈은 차창을 스치는 풍경을 또렷이 붙잡으려 했지만 열차의 속도를 따라잡을 수는 없었다. 그건 유리 눈, 카메라 렌즈도 마찬가지였다.
  열차는 카메라의 셔터 속도를 앞질러 선로 위를 빠르게 미끄러졌다. 풍경은 끊임없이 밀려왔다가 멀어졌다. 다만 풍경의 일부가 순간적으로 열린 셔터를 통해 카메라의 몸속으로 흘러들어 왔을 뿐이었다. 선택했다기보다 열차의 속도와 카메라의 셔터 속도, 눈과 몸이 놓였던 좌표가 만들어낸 미세한 시공간이었다. 있었는지도 몰랐던, 사진으로만 볼 수 있는 순간. 낯선 건 장면이 아니라 카메라와 몸이 놓였던 타임라인, 사진이 가리키는 '오늘'인지도 몰랐다.

2.
사진에서 발견한 시점은 종종 보는 이를 더 먼 곳으로 데려가곤 했다. 사진의 뒷면에 가까운 세계였다. 열차를 타기 전 걸어 다녔던 강둑의 겨울바람과 동행이 내뱉던 희끗한 숨, 얼얼한 발의 감각과 발바닥으로 전해져오던 열차의 진동, 의자의 촉감이 흐릿한 사진의 표면 위로 떠올랐다. 사진에는 찍히지 않는 것들이었다. 그럼에도 여행에서 찍었던 사진을 다시 보는 건 그날의 온도와 냄새, 소리, 몸에 닿았던 촉감, 감정들을 떠올리는 일에 가까웠다.
  그럴 때면 사진에 정착한 타임라인이 미세하게 움직이기 시작했다. 머릿속으로 장면을 앞뒤로 돌려 재생해본다. 흐릿한 풍경들이 띄엄띄엄 이어지고 끊어지고 이어진다. 잊고 있던 잔상들이 스크린을 맴돈다. 사진의 입자들, 픽셀들이 움직임을 알아차릴 수 없는 속도로 진동한다. 부드럽거나 차가운 것으로, 이리저리 빛을 반사하면서. 들리지 않던 소리의 파동이 사진 한 귀퉁이로부터 퍼져 나간다.

0.
사진을 통과해 풍경의 앞면과 뒷면을 드나든다. 기억의 좌표이자 통로.
사진은 먼 곳에서부터, 먼 시간으로부터 발송되어 그때와 지금을 연결하고
있었다. 그러나 사진이 도달한 곳은 '과거의 오늘'이 가리키는 타임라인인
동시에 아무 데도 아니었다. 기억과 잔상은 사진에 정착한 세계를 다시
한번 멀리 떠나보낸다. 지나간 곳이자 다가올 곳으로. 무수한 오늘들이
사진에 머무른다.

5차 산업혁명의 신호탄을 쏜 사건은 무엇이라고 생각하십니까? 저는 항상 기억의 원리 규명을 꼽습니다. 기억을 말 그대로 뇌에서 '떠낼' 수 있게 되었죠.

기억은 이제 더 이상 신비한 것이 아니었습니다. 기억은 영혼 따위에 보관되는 게 아니라 오직 물질의 패턴만으로 구성되며, 그 패턴은 해석될 수 있었습니다. 교황은 유물론이 세계를 뒤덮을 것을 우려했습니다. 자유주의자들은 사생활의 종말이 도래했다고 탄식했고요. 각국의 정보기관들은 강화된 심문 기법에 더 이상 예산을 투자할 필요가 없게 되었겠죠?

그때 우리의 주인공 민영하 씨(가명입니다)는 빠른 은퇴 후 4년 동안 전업 투자자로 살고 있었습니다. 당사자에겐 백수보다 더 나쁜 직업이라 할 수 있죠. '직업 활동'은 항상 손실만 낳았거든요.

민영하 씨가 능력이 없는 건 아니었습니다. 그런데 일은 잘해도 투자는 못 할 수도 있는 거고, 아니면 그냥 행운이 부족했을 수도 있고. 시간은 흐르는데 모아둔 돈은 줄어들고, 그러니 더 다급해지고, 더 잘 안되고. 흔한 악성 피드백이죠.

그러던 중 민영하 씨는 뇌에서 기억을 추출하는 것을 보고 감동을 깊게 받았다던데요. 세상을 바꿀 진짜 변화의 파도가 왔다고 생각했답니다. 첫 스마트폰같이! 하지만 사람들 생각이야 다 비슷한 법. 이미 관련된 회사들의 주식은 하늘로 솟구친 지 오래였습니다. 잔치엔 부스러기밖에 남지 않았습니다. 민영하 씨는 한 단계 더 나아가야 했습니다.

뇌에 저장된 기억의 패턴을 해석하는 것이 가능하다면, 뇌에 기억을 씌우는 것도 가능하지 않을까요? 실제로 뇌에 정보를 전송하는 것도 가능해졌으니까, 민영하 씨는 그 기술이 빠른 시일 안에 나타날 거라고 확신했습니다. 그럼 세상이 어떻게 변할까요?

처음엔 역시 출판업계가 파멸을 맞지 않을까 생각했다네요. 아무도 읽지 않은 고전의 기억을 받는다든지. 하지만 출판업계는 이미 파멸을 수십 번은 맞았잖아요.

끼워 맞추려면 못 끼워 맞출 것이 없습니다. 기억을 머릿속에 직접 밀어넣는다는 것은 지나치게 커다란 변화고, 무슨 시나리오를 가져와도 다 그럴싸하게 느껴졌다죠. 전전긍긍하던 중, 절친한 친구 한 명이 생각을 정리하기 위해 여행을 다녀오는 게 어떠냐고 제안했다네요. 마침 민영하 씨는 외국의 호수 하나가 대단히 크고 아름답다는 말을 들은 적이 있었죠.

하지만 그 여행은 그리 즐겁지 않았습니다.

대충 짐을 싸고, 공항에서 수속을 마치고 이코노미석에 몸을 욱여넣습니다. 하지정맥류가 심각해지는 것이 체감될 정도로 괴로운 상황이 몇 시간이고 지속됩니다. 도착해서는 호수에서 30분 떨어진 조잡한 게스트하우스를 숙소로 삼습니다. 엄지손가락 한 마디만 한 거미가 구석에서 집을 짓고 있는 곳이죠. 호수로 떠나기 전날, 가방에 칼집이 난 걸 확인합니다. 휴대폰도 지갑도 없습니다. 이름 모를 소매치기는 관대하게도 여권은 남겨뒀다는군요.

민영하 씨는 무작정 거리로 나섭니다. 거리의 사람들은 민영하 씨에게 무관심하고, 한 시간 동안 "레이크! 레이크!"라고 말하면서 이국의 길을 헤맵니다. 몇몇 사람들이 칭챙총 운운하면서 그의 옆을 지납니다. 결국 그는 길가의 벤치에 주저앉습니다. 달콤한 포기가 오기와 의지를 잠식하기 시작합니다….

그때 한 소년이 민영하 씨에게 다가왔다네요. 민영하 씨는 소년의 연두색 눈동자를 바라보았습니다.

"한국인이에요?"

소년은 옛 케이팝의 광팬이었어요. 덕분에 한국어를 배웠다고. 소년은 민영하 씨의 사정을 듣더니 웃으면서 호수로 가는 길을 알려주었습니다. 상상컨대, 어떤 복음도 그만큼 아름답진 않았을 겁니다.

그리고 그 개고생을 해서 도달한 호수는… 그냥 아주 큰 호수였습니다. 수평선 빼고는 일산 호수공원이랑 크게 다를 바 없어 보였답니다. 고인 물 특유의 냄새는 더 심했어요. 이름 모를 딱정벌레가 정강이에 달라붙은 것을 보고 기함을 했다고도 하고요. 무성히 우거진 식물들은 땅에 초록색 촉수를 흩뿌리고 있었는데, 그 생명력이 두렵게 느껴졌답니다. 호수는 아름다워야만 했습니다. 그 고생을 했는데, 땅에서는 수정으로 된 나무가 자라나야 했습니다. 찬란한 백금빛으로 빛나는 호수 위에 유니콘이 뛰어놀아야 했고, 분홍빛 하늘 밑에 장엄한 무지개가 펼쳐져 있어야 했습니다. 하지만 현실은, 글쎄요.

바로 그 장면에서 민영하 씨는 큰 깨달음을 얻었다네요. 여행은 과대평가되어 있습니다. 왜 굳이 이방인이 됩니까? 왜 모르는 곳으로 들어갑니까? 낯선 환경에서 편도체가 활성화된다는 것은 상식이죠? 친구랑 여행 가면 무조건 싸운다는 건 경험적으로 입증된 진리 아닙니까? 어차피 남는 건 고통 속에서 남긴 사진과 그 어둠 속에서 반짝였던 기억 몇 조각뿐입니다.

그리고 그 반짝이는 기억은 조작이 가능할지도 모릅니다. 민영하 씨는 비장하게 생각했습니다. 여행사들은 이제 파멸을 맞으리라!

민영하 씨는 한국에 돌아오자마자 새로운 모험을 시작했습니다. 모든 걸 끌어내 여행의 기억을 각인시키는 회사를 차린 겁니다. 민영하 씨는 여러 곳에서 투자자를 모았습니다. 4년 뒤 예상대로 기억 각인술이 탄생했고, 민영하 씨는 그로부터 2년 만에 여행의 기억을 각인시키는 데 성공했습니다. 민영하 씨는 전문 여행작가들로 하여금 가장 아름다운 여행의 기억을 만들도록 시켰습니다. 민영하 씨부터 그 호수의 기억을 각인했죠.

그제서야 민영하 씨는 그 호수의 아름다움을 진짜로 알게 되었습니다. 그 기억엔 비좁은 이코노미석도 없었고,

더러운 게스트하우스도 없었고, 인종차별도, 소매치기도, 방황도 없었어요. 진짜 기억 속의 호수는 추잡한 세부 사항뿐이었지만, 인공 기억 속의 호수는 그 세부 사항이 탈색되었어요. 민영하 씨는 확신했습니다. 나는 이제 부자야. 미안해요, 여행사 사람들! 하지만 누군가 흥하면 누군가 망하는 법 아니겠어요?

민영하 씨의 회사가 문을 닫는 데는 그로부터 3년이 걸렸습니다.

사람들은 기꺼이 여행을 떠났습니다. 이코노미석에 자신을 욱여넣었고, 휴대폰을 털렸고, 인종차별에 노출되었습니다. 타지에서 친구와 싸우며 눈물을 흘렸고, 전자 지도도 제대로 준비되지 않은 길을 방황했습니다. 사람들은 즐겁게 고통을 구매했습니다. 아무도 민영하 씨의 아름다운 기억을 구매하지 않았습니다.

민영하 씨는 전혀 이해할 수 없었습니다. 폭삭 망한 민영하 씨는 다시 호수로 향했습니다. 이제 돈이고 뭐고 상관없었습니다. 도저히 이해할 수 없는 사람들의 마음을 이해하고 싶었습니다.

민영하 씨는 훨씬 더 조잡한 게스트하우스에 묵었습니다. 소매치기도 이번엔 민영하 씨를 건드리지 않았다는군요. 민영하 씨는 거리를 걸었습니다. 각인된 기억과 진짜 기억이 머릿속을 떠돌았습니다. 곧 그 시시하고 한심하고 아름답고 웅장한 호수가 모습을 드러냈습니다. 추잡한 기억과 아름다운 기억이 현실의 인식 위에 포개져 경쟁했습니다…. 그리고 추잡한 기억이 승리했습니다. 호수는 그저 그랬어요.

폭삭 망한 민영하 씨는 결국 사람들을 이해할 수조차 없었습니다. 눈물이 차올랐습니다.

그때 누군가 어깨를 가볍게 쳤습니다.

"저기요? 나를 알지요?"

민영하 씨는 고개를 돌렸습니다. 익숙한 연두색 눈동자가 보였습니다. 그 불쾌했던 여행의 기억을 구성하는 신경이 미친 듯이 발화했습니다. 민영하 씨는 눈을 깜빡였고요.

옛 케이팝을 사랑하던 소년이었습니다. 꽤 많이 자랐지만, 그 눈빛과 목소리는 그대로였다네요.

"나를 기억하죠?"
"당연하죠. 억양이, 훨씬, 좋아졌네요. 연습, 열심히, 했나봐요."

민영하 씨는 흐느끼기 시작했어요. 소년은 극도로 당황해서 왜 그러냐고 물었죠. 민영하 씨는 모르겠다고 말했습니다. 하지만, 자신이 왜 우는지 민영하 씨는 알았습니다.

온갖 고난과 번민이 겹친 순간에 나와 전혀 관련이 없는 타인이 내게 친절을 베푼 기억이 불꽃처럼 떠올랐기 때문이었습니다. 그 호수에서, 옛 기억이 펼쳐지기 시작했습니다…. 그 속에서 민영하 씨는 잠시라도 과거의 자신이 된 기분을 느꼈습니다.

여행의 핵심은 지극히 개인적인 경험이라는 거죠. 알지 못하는 세계에서, 지극히 개인적인 현실의 한가운데에서 얻는 극단적으로 보편적이지 않은 경험. 그것은 타인이 어떻게 새겨줄 수 있는 것이 아니었습니다. 여행작가가 새겨준 예쁜 기억은 나의 뇌에서 재생할 수 있는 영화지 여행의 기억이 아니었고요. 자아가 공간과 공명하여 확장되는 것은 오직 스스로 그곳에 설 때만 경험할 수 있었던 겁니다.

스트레인저 싱스

기묘한 나와 더 기묘한 사회의 심리학 – 1

뭉치거나 떠나거나

박한선
신경인류학자

1974년 1월 7일, 탄자니아 서북부의 카사켈라 세력이 서남부의 카하마 세력을 습격했다. 아프리카에 흔하다는 부족 간 전투였을까? 틀린 말은 아니지만 통상적인 전쟁과는 좀 달랐다. 인간의 전쟁이 아니었다. 침팬지의 전쟁이었다.

  탄자니아 서쪽 끝에 위치한 곰베국립공원의 남북 지역은 원래 하나로 통일되어 있었다. '리키'라는 별명을 가진 침팬지가 두 지역의 가교 구실을 한 덕에 수십 년 동안 자유롭게 왕래할 수 있었다. 그러던 중 남부 분리주의자 세력이 독립을 선언했다. 수컷 여섯 마리와 암컷 세 마리, 그리고 그들의 새끼들이었다. 이 카하마 세력의 독립으로 인해 북부에는 수컷 여덟 마리와 암컷 열두 마리, 그리고 그들의 새끼로 구성된 카사켈라 세력이 남게 되었다.

  카사켈라 세력의 알파수컷(우두머리 수컷) 험프리와 습격조 다섯 마리는 카하마 세력의 수컷 침팬지 고디에게 달려들었다. 최초로 보고된 침팬지 간의 살인이었다. 승리의 기쁨에 겨운 험프리 부대는 소리를 지르고 나뭇가지를 이리저리 던져댔다. 이후 4년 동안 주기적인 소탕전이 이어졌다. 카하마 세력의 수컷 침팬지는 차례대로 죽었다. 카사켈라 침팬지와의 친분도 소용없었다. 수컷 침팬지 여섯 마리 중 다섯이 죽었고, 한 마리는 실종되었다. 암컷 침팬지는 죽거나 납치되었다. 카사켈라 세력이 분리주의 세력을 소탕하고 영토를 다시 통일하면서 4년간의 긴 전쟁은 막을 내렸다.

SECTION 3

102

싸움, 서열 그리고 동맹

동물은 필요하지 않을 때 절대 싸우지 않는다. 한번 싸움이 벌어지면 양쪽 모두 다친다. 100퍼센트 완벽한 승리란 없다. 그러니 되도록 싸우지 않고 지내는 편이 좋은 일이다. 그러나 자원은 부족하고 경쟁자가 많은 상황이라면? 이때는 싸움이 해결책이다. 여전히 목숨을 건 싸움은 아니다. 싸움을 통해 비대칭적 신호를 전달하는 일종의 협력 게임에 가깝다.

싸움이 협력이라니. 화용론적 모순처럼 들리지만 사실이다. 동물에게 싸움은 누가 먼저 자원을 차지할 것인지 우선권을 결정하는 의례다. 동물은 말을 못하기 때문에 의논으로 순서를 정할 수 없다. 싸움을 통해 순서를 정하는 것이다. 싸움은 대개 신속하게 종결되고, 한번 정해진 서열은 쉽게 바뀌지 않는다. 상대를 죽이거나 심지어 동족 포식을 하는 경우는 극히 드물다.

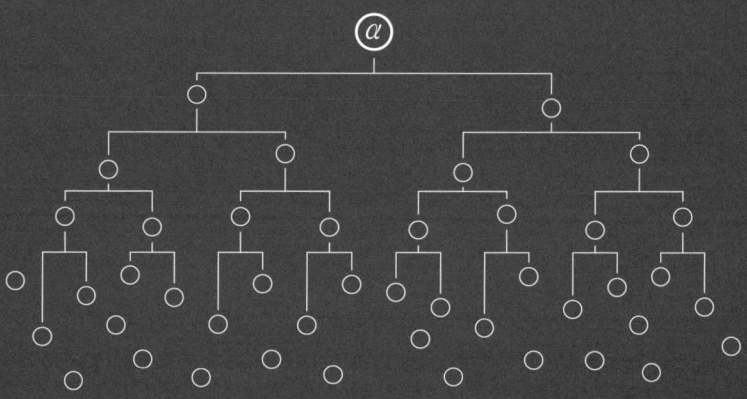

구성원이 30명인 집단이 있다고 해보자. 각자 모두 싸움을 통해 우열을 가린다면 너무 많은 시간과 에너지가 들 것이다. 그래서 동물의 세계에서는 흔히 '쪼는 순서(pecking order)'가 정해진다. 나를 이긴 녀석을 이긴 녀석은 당연히 나를 이길 수 있다고 간주하는 식이다. 이런 상대적인 순위를 통해 각 구성원은 긴 서열의 사슬을 만들 수 있다. 그 맨 위에 있는 녀석을 흔히 '알파 개체'라고 하는데, 대개는 수컷이다.

알파 수컷은 자원에 대한 우선권을 누린다. 먹이와 짝이다. 그리고 서열의 순서에 따라 차례대로 접근권을 가진다. 이쯤에서 마음이 좀 아픈 독자가 있을 것이다. 아무리 자연의 법칙이라지만 낮은 서열에 속한 녀석이 불쌍하지 않은가? 그러나 종속적 개체가 얻는 이점도 많다. 일단 싸움을 회피하면 다칠 가능성도 적어진다. 지위 유지에 쓰는 자원이 적기 때문에 더 많은 자원을 번식에 투자할 수 있다. 연구에 따르면 최상위 개체는 최하위 개체처럼 늘 스트레스에 시달리는 경향이 있다. 챔피언은 한 마리지만 도전자는 여러 마리다. 방어전이 계속된다. 흥미롭게도 최상위보다 약간 낮은 서열 개체의 스트레스 호르몬 수준이 가장 낮은 경향을 보인다.

물론 일반적으로 낮은 서열의 개체는 자원에 대한 접근성이 낮다. 들여야 할 비용이 적지만 이익도 적은 것이다. 만약 이익이 너무 적어서 생존과 번식조차 어려운 지경이라면? 선택지는 두 가지다. 첫째는 이산(dispersal)이다. 멀리 떠나는 것이다. 하지만 집단을 떠나는 것은 엄청난 모험이다. 운이 좋으면 새로운 낙도를 찾을 수 있겠지만 성공 확률은 대체로 아주 낮다. 둘째는 연합이다. 낮은 서열의 개체가 모여 힘을 합치는 것이다. 이를 흔히 동맹(alliance)이라고 부른다.

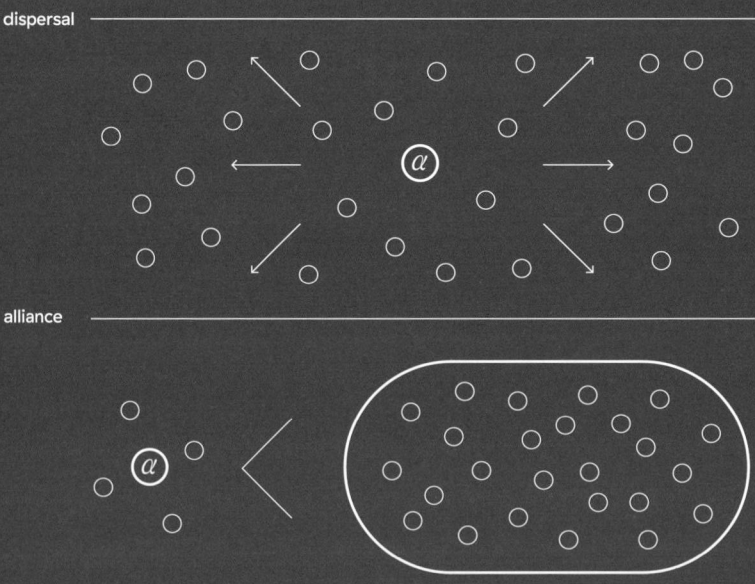

SECTION 3

동맹 : 집단 간 편견의 진화

편견에는 다양한 의미가 있다. 일단 집단 간 편견에 국한해 이야기해보자. 당신은 '조국'을 어떻게 생각하는가? 만약 세종시 사람들이 모여서 "우리 세종시는 이제 한국이 아니다. 세종국으로 독립하겠다"라고 한다면 순순히 받아들일 수 있을까? 아마 대번에 그들을 욕할 것이다. 세종시 사람들은 반역죄로 처벌받을지도 모른다. 세종시장이 "오늘부터 우리는 일본의 일부다. 세종현이라고 불러라"라고 한다면? 아마 목숨을 부지하기 어려울 것이다.

사회적 동물은 대부분 차별적 사회성(discriminate sociality)를 띤다. 무작위로 사회적 동료를 선택하지 않는다는 것이다. 신중하게 구성원을 식별하고, 판단한다. 구성원이 되면 멤버십이 주어진다. 해야 할 의무도 있고, 부여받는 특권도 있다. 반대로 멤버십이 없으면 집단의 구성원으로 자격이 없다. 권리는 제한되고, 언제라도 추방될 수 있다. 아마 외국에서 생활해본 사람이라면 잘 알고 있을 것이다. 내집단 선호와 외집단 배척의 심리는 오랜 진화사를 거쳐 우리 마음속에 공고하게 자리 잡고 있다.

왜 우리는 이러한 차별적 사회성을 띠게 된 것일까? 바로 앞서 말한 동맹의 이익을 지키기 위해서다. 집단의 이익은 구성원이 집단의 규율이나 문화에 얼마나 충성하느냐에 따라 결정된다. 또 집단 간 경쟁에서는 집단의 크기 외에도 결속이 아주 중요한 역할을 한다. 결속을 강화하는 심리적 기제가 바로 차별이다.

영장류 일부 종은 낮은 서열의 개체가 연합하면 높은 서열의 개체를 손쉽게 제압할 수 있다는 것을 깨달았다. 그러나 높은 서열의 개체라고 연합하지 말라는 법은 없다. 이제 무리는 여러 개의 동맹으로 나뉘어 싸우게 된다. 동맹에도 서열이 생기고, 동맹끼리 다시 이차 동맹을 맺으면 동맹 간 서열 경쟁에서 유리하다는 것도 깨닫게 된다. 이차 동맹, 삼차 동맹으로 점점 집단이 커진다. 동맹을 유지하고 결속을 다지는 전략이 복잡하게 진화한다.

사회 지배 이론(social dominance theory)에 따르면 집단 간 차별과 억압, 그리고 편견의 궁극적 원인은 바로 동맹의 끝없는 진화다. 인간은 다양한 상징적 체계와 물리적 힘을 사용하여 동맹을 강화한다. 동맹 내부의 결속 및 다른 동맹과의 연합에서 우위를 확보하기 위해 법과 제도, 신화, 권력을 적극적으로 활용한다. 동맹 사이의 '쪼는 순서'가 생기는 것이다. 개체 간 경쟁의 결과와 비슷하다. 높은 서열의 동맹 집단은 자원을 많이 차지하고, 낮은 서열의 동맹 집단은 자원을 적게 차지한다. 종종 이러한 동맹 집단의 서열은 대를 이어 유지되는데, 이를 카스트(caste)라고 부른다.

○ > ○ > ○ > ○ > ○ > ○ > ○

　동맹의 오랜 서열 구조를 깨려는 자를 동맹주의자가 반길 리 없다. 기존 질서를 깨려는 자는 내부에 있으면 역적이요, 외부에 있으면 오랑캐다. 그러나 동시에 역설적인 현상이 벌어진다. 낮은 서열에 속한 동맹은 늘 동맹 연합을 통해 더 높은 서열이 되려고 한다. 그러니 각 집단은 모두 자기 무리가 최고요, 다른 무리는 미천하다고 주장한다. 집단은 결속해야 하지만, 그 집단 내에서 작은 집단으로서는 우리가 최고다. 심각한 인지적 왜곡이지만, 지각 편향의 오류 관리 이론(error management theory)에 의하면 이러한 왜곡은 '적응적'이다. '우리 부족이 최고'라고 믿는 집단은 '에이, 우리 부족은 좀 별로'라고 믿는 집단보다 전투에서 승리할 가능성이 높았을 것이다. 그런 식으로 우리는 인류가 최고의 종이며, 우리 인종이 최고의 인종이며, 우리 민족이 최고의 민족이고, 우리 부락이 최고의 부락이며, 그중에서도 우리 친족이 최고라고 믿는다.
　카사켈라 세력은 독립을 주장하며 떨어져나간 카하마 세력에 엄청난 도덕적 분노를 느꼈을지도 모른다. 저 인간만도 못한, 아니 저 침팬지만도 못한 녀석들을 처단해야 한다고 여겼을 것이다. 카사켈라 세력은 애국애족하는 마음으로 긴 전투를 숭고하게 치러냈다. 외부의 눈에서 보면 '왜 평화롭게 살지 않느냐'라는 의문이 들겠지만, 인간 세계를 바라보는 외계인도 아마 비슷한 의문을 품을 것이다. 내집단을 편애하고 외집단을 헐뜯는 오랜 진화적 심리 기제 덕분에, 어떤 이는 축구 경기에서 목청이 터지게 '우리 팀'을 응원하고 어떤 이는 온몸에 폭탄을 두르고 '우리 민족'을 위해 목숨을 바친다.

전쟁의 진화, 비극의 시작

동맹은 비슷한 서열의 개체들이 더 높은 서열의 개체와 싸우기 위해 생겨났다. 물론 이차 동맹, 삼차 동맹이 잇달아 생겨나면서 상황이 복잡해지긴 했지만, 원칙적으로 동맹 내부의 개체는 평등해야 할 것이다. 같은 목적으로 모인 것이 아닌가? 그러나 일이 그렇게 되지는 않는다. 한일전을 응원할 때는 모두 하나가 된 것 같지만, 응원이 끝나면 누구는 그랜저를 타고 돌아가고 누구는 버스를 타고 귀가해야 한다.

왜 이런 일이 일어날까? 다시 동물의 세계. 일반적으로 동물의 싸움은 크게 세 종류로 나뉜다. 첫째, 그냥 개체 간의 싸움이다. 길거리 주먹다짐이 대표적인 예다. 둘째, 위계적 서열(dominance hierarchies)을 둔 싸움이다. 승진을 위해 벌이는 직장 내 암투가 대표적이다. 셋째, 군집 행동(herding behaviour)이다. 훌리건의 난동이 대표적이다. 이끄는 이도, 따르는 이도 없다. 오직 같은 팀의 팬이라는 이유만으로 뭉쳐 싸운다.

즉 동물의 세계에는 리더가 없다. 알파 수컷이 리더가 아니냐고? 비록 알파 수컷이 가장 높은 서열을 차지하고 있지만, 무리를 조직적으로 지휘하는 역할은 하지 않는다. 험프리는 알파 수컷이었지만 지휘관은 아니었다. 카사켈라 세력은 연합과 동맹, 습격, 매복 등 '인간의 전쟁'을 방불케 하는 다양한 전술을 구사했지만 구심점은 없었다. 험프리가 한 일이라고는 공격을 처음 개시하는 정도였다.

그러나 인간은 다르다. 다른 사람의 마음을 읽는 능력과 언어 능력, 인지적인 계획과 실행 능력을 갖추고 있다. 게다가 집단도 훨씬 크고 분업도 잘 이루어져 있다. 여러 사람이 마치 한 사람처럼 일사불란하게 움직일 수 있는 선행 조건을 갖추고 있다.

처음에는 경험과 경륜을 바탕으로 한 리더십이 구심점이 되었을 것이다. 사냥을 위한 남성 위주의 조직이 최초의 전투 조직으로 역할을 했을 것으로 추정된다. 사냥을 위한 리더와 전투를 위한 리더가 다르지 않았다. 집단 전체가 지휘관을 일시적으로 선출했고, 전투가 끝나면 지휘권도 사라졌다. 사실 지휘권이라고 해도 좀 더 현명한 작전을 제안하는 정도에 불과했다. 그러나 점차 집단 간 경쟁이 심해지면서 자발적이고 수평적인 리더십만으로는 부족해졌다. 싸움을 꺼리는 전투원에게 명령을 내리고 이탈자를 처벌하는 강제적인 리더십이 필요해진 것이다. 물론 벌만 준 것이 아니라 상도 주어야 했다. 전투원에게는 전리품을 나누어 주었는데, 주로 무기나 식량, 여성이었다.

전리품은 원래 상대 집단 구성원의 소유다. 그래서 개체 간 경쟁과 달리 집단 간 경쟁은 흔히 상대편에 대한 몰살로 이어졌다. 동물의 세계에서 개체 간 자원 분배를 위한 신호 전달 게임으로 발생한 '싸움'은, 이제 네가 죽어야 내가 사는 명실상부한 '전쟁'으로 변모했다. 개체 간 싸움은 복종의 제스처를 취하면 곧 종결되지만 집단 간 싸움은 한쪽이 완전히 '제거'될 때까지 끝나지 않았다. 곰베 침팬지 전쟁이 그랬고, 인간사의 수많은 전쟁 역시 그랬다. 신석기 초기 인류의 약 절반은 부족 간 전투로 사망했다.

2015년, 독일의 쇼네크-킬리안슈타텐(Schöneck-Kilianstädten) 지역의 집단 매장 유골에 대한 연구 결과가 발표되었다. 기원전 5,000년 독일 지역에서 농사를 처음 짓기 시작하던 때의 유물이다. 대략 유골 26구가 나왔는데, 온몸의 뼈가 다 부서져 있었다. 머리, 얼굴, 이가 부러진 상태였고 화살을 맞은 흔적도 흔했다. 게다가 유골의 다리뼈들이 비슷한 형태로 부러져 있었는데, 아마도 의도적으로 고문을 한 것으로 추정되었다. 그런데 여성의 유골은 몇 구만 발견되었다. 여성이라고 봐주었을까? 패배한 부족의 여성이 어떤 운명이었을지는 굳이 자세하게 적지 않겠다.

패배자의 운명이 이렇게 비참하다면, 평소부터 착실하게 전쟁을 준비하는 것이 마땅하다. 그러다 보니 어떤 이는 평시에도 리더의 지위를 가지게 되었다. 왕이 된 것이다. 심지어 자식에게 지위를 세습해 주었다. 집단 내에서 더 높은 서열을 얻으려던 목적에서 생긴 동맹은, 동맹 내부에서 훨씬 더 엄격한 서열을 만드는 역설을 낳았다. 그리고 이렇게 새로 생긴 서열은 대대로 상속하는 지위가 되었다. 아니, 이런 불평등을 왜 참느냐고? 승리를 위해서라면, '사소한' 불평등은 참아야만 했다. 집단의 질서에 반대하는 자는 반역자로 처벌되었다.

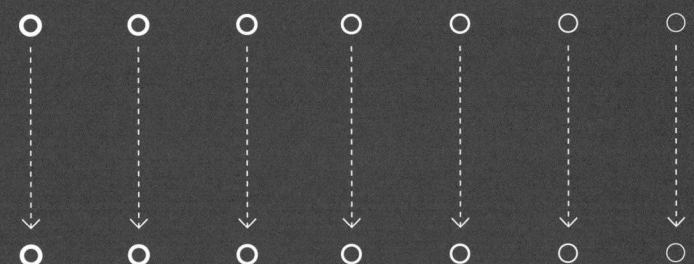

인류의 역사가 끊임없는 잔혹한 전쟁, 그리고 가혹한 집단 내 차별로 가득 찬 이유다. 성 토마스 모어(St. Thomas More)는 이렇게 말했다. "전쟁은 동물에게나 적합한 일이다. 그런데 어떤 동물도 인간처럼 전쟁을 하는 일이 없다."

전쟁 혹은 이산

카사켈라 세력의 승리는 오래가지 않았다. 남부의 카란데와 국경을 마주하게 되면서 다시 전투가 벌어졌다. 카사켈라 세력은 카하마 세력으로부터 접수한 영토 상당 부분을 잃었다. 게다가 북으로 복귀한 카사켈라 세력은 이제 미툼바 세력으로부터 공격을 당했다. 전쟁에서 완벽한 승리란 없다. 결국 영원히 끝이지 않는 싸움이 반복될 뿐이다.

앞서 낮은 서열의 개체가 선택할 수 있는 방법 두 가지를 언급했다. 하나는 동맹이고, 다른 하나는 이산이다. 새로운 지역으로 떠나는 것이다. 자연의 세계에서 새로운 지역으로 독립하여 떠나는 것은 대단히 위험한 일이다. 그런데 그 모험적인 일에 끊임없이 도전한 종이 있다. 바로 호미닌, 우리 인류다.

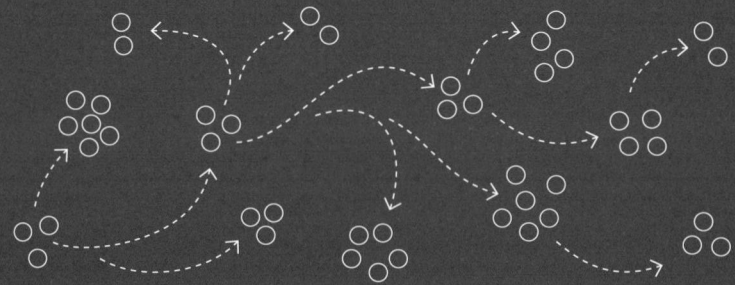

인류는 침팬지와 각자의 길을 가기 시작한 후 수백만 년 동안 거의 전쟁을 벌이지 않았다. 구석기 전반에 걸쳐 심각한 수준의 개체 간 싸움이나 집단 간 전쟁의 흔적은 찾아보기 어렵다. 어찌 된 일일까? 인류는 침팬지에 비해 무려 1,000배나 넓은 지역을 탐색하는 능력을 갖추고 있다. 광활한 땅이 눈앞에 펼쳐져 있다. 이동에 유리한 두 발 걷기, 광대한 지리적 정보를 머리에 담는 능력, 불과 옷, 운반에 편리한 식량까지. 사실 구석기 인류는 굳이 싸울 필요가 없었다. 자원이 부족하면 그냥 새로운 곳으로 떠나면 그만이었다. 집단 내 서열 경쟁, 집단 간 전투는 신석기 초기 정주 생활과 함께, 한참 나중에 나타난 일이다.

구석기 수렵채집 사회는 높은 수준의 평등주의를
구가했다. 지도자도 없고 계급도 없다. 집단의 힘이 개인의
역량을 압도했다. 물론 사람들은 신체적 힘이나 매력으로
자신을 과시했지만 차이는 미미했다. 아마 짝을 유혹할 때나
쓰였을 것이다. 집단 내 서열은 별로 의미가 없었다. 그렇다고
평화를 위해 애써 인내하고 참으며 평등사회를 만든 것은
아니었다. 무리를 지배하려는 위대한 독재자가 나타났더라도,
다음 날 아침이면 캠프에서 혼자 자는 자신을 발견했을
것이다. 누구나 쉽게 떠날 수 있으니 누구도 지배할 수 없었고,
누구도 침략할 수 없었다.

그러나 신석기 복잡 사회가 등장하면서 습격 행위의
고고학적 증거가 나타난다. 상비군이 조직되고 무기가
만들어졌다. 누구는 장군이 되었고 누구는 병졸이 되었다.
누구는 무기를 휘둘렀고 누구는 무기에 맞아 죽었다. 왕
아래로 층층시하의 계급이 생겼고 불평등이 심화되었다. 일단
이런 세상이 만들어지자 사람들은 성공의 기준을 다시 세웠다.
기를 쓰고 집단의 가장 높은 곳에 오르기를 원했고, 목숨을
걸고 다른 집단을 물리쳐 전리품을 그득 가져오기를 원했다.

지금 우리도 크게 다르지 않다. 누군가를 끌어내리고
싶은 마음. 아마 당신은 더 높은 지위에 오르고 싶을 것이다.
다른 무리를 깎아내리고 싶은 마음. 아마 우리 집단의
위대함을 증명하고 싶을 것이다. 그 자체로는 솔직한
인간성의 본질이지만, 실상은 비뚤어진 애국심과 터무니없는
자기애라는 원시적 본성이다. 곰베국립공원의 침팬지도
공유하는 나르시시즘이자 '국뽕'이다.

루트비히 비트겐슈타인(Ludwig Wittgenstein)은 이렇게 말했다. "모든 인간이 위대한가? 아니다. 그렇다면 당신은 어떻게 해서 자신이 위대하기를 바랄 수 있다는 말인가! 어떻게 당신의 이웃이 가지고 있지 않은 것을 당신이 가졌다고 할 수 있는가! 대체 무엇 때문에!" 조지 버나드 쇼(George Bernard Shaw)도 이렇게 말했다. "애국심이란 그대가 이 나라에 태어났기 때문에 이 나라가 다른 어떤 나라보다도 고귀하고 우월하다는 그대의 신앙이다."

　　차라리 더 오랜 인간성에 눈을 돌려보자. 사실 인류는 오래도록 싸우지 않고 살아왔다. 평화의 시간은 500만 년이 넘는데, 전쟁의 시간은 1만 년도 안 된다. 구석기 시대의 조상은 다른 이를 들이받지도 않았고, 다른 집단을 쳐들어가지도 않았다. 그저 부족한 것이 있으면 새로운 가능성을 찾아 떠났다. 어떤 면에서 후기 산업사회의 사회 생태적 환경은 구석기 시대와 더 닮았다. 바라는 것이 있는가? 싸워서 얻을 수 있는 것인지, 떠나서 얻을 수 있는 것인지 잘 고민해보자.

QUESTION 12

신경인류학   움직이나 떠나가나   박한선(신경인류학자)

Illustration by hosugi_93

CHA
ISM

SECTION 4 / MECHANISM

- 왜 우리는 떠나고 싶어 할까 　　　　　　　　　　　　　　　뇌과학　　　김대식(뇌과학자)
- 역동적 균형 속의 이동 : 해방을 향한 이동인가, 몰락을 향한 이동인가　기술공학　전현우(교통 연구자)
- 달로 가는 여행 　　　　　　　　　　　　　　　　　　　　　우주공학　황정아(물리학자)
- 예민한 여행자들 　　　　　　　　　　　　　　　　　　　　　의학　　　전홍진(정신건강의학 전문의)
- 그때 그곳의 맛 : 여행이 추억되는 방식 　　　　　　　　　　　문화　　　정연주(푸드 에디터) × 편집부

"치킨 오어 비프?… 치킨 오어 비프?…" 끝없이 반복되는 승무원의 질문을 뒤로 한 채 잠에서 깬다. 코로나 현실의 2년 차. 해외여행이 얼마나 그리우면 이코노미 승객으로 지겨울 정도로 들었던 질문이 마치 "사느냐 죽느냐, 그것이 문제로다"라며 자신을 추궁한 덴마크 왕자 햄릿의 질문처럼 머릿속을 맴돌기 시작한 걸까?

언제나 마스크를 착용해야 하고, 만나고 싶은 사람이 있어도 편하게 만나지 못하는 불편함. 저녁에 귀가하면 마치 전쟁터에서 살아 돌아온 듯한 뿌듯한 느낌이 드는 뉴노멀의 일상. 언제 다시 편하게 비행기를 타고 훌쩍 해외로 나갈 수 있을까? 비슷한 매일의 반복을 벗어나 아무도 나를 모르고, 나 역시 아무도 모르는 세상을 다시 경험할 수는 있을까?

자유로운 여행이 일시 중단된 지금, 비로소 우리는 질문하기 시작한다. 왜 인류는 항상 떠나고 싶은 걸까? 왜 우리는 지금 이 순간의 이곳과 이 사람들이 아닌, 저곳과 다른 사람들이 있는 장소를 원하는 걸까?

인류 정착의 기원

여행과 여정은 어쩌면 너무나도 당연한 '인간의 조건(conditio humana, 콘디티오 후마나)'이라고 주장해볼 수 있다. 설득력 있어 보이지 않는가? 30만 년 전 동아프리카에서 탄생해 두 발로 걸어 (또는 엄마의 등에 업혀) 유라시아 대륙 가장 구석인 한반도까지 왔다는 호모 사피엔스. 인류는 언제나 떠다니고 이주하는 호모 모빌리투스(homo mobilitus)이자 호모 비아토르(homo viator)이지 않았던가?

하지만 다시 한번 생각해보자. 맹수들이 먹다 남은 썩어가는 동물의 시체를 훔쳐 먹어야 했던 호모 하빌리스(homo habilis)와 달리 호모 에렉투스(homo erectus)는 훌륭한 사냥꾼이었다. 수십 명이 무리를 지어 눈에 보이는 모든 동물들을 마구잡이로 사냥하고 잡아먹었다. 아프리카 초원은 호모 에렉투스에겐 마치 거대한 호텔 뷔페 같았다. 마저 다 먹지도 못한 상태에서 또 다른 동물을 사냥했기에, 호모 에렉투스의 거주 지역에 널려 있는 뼈는 여전히 살점으로 가득했다.

하지만 인지 능력이 부족해 어린 동물은 미래 먹거리로 살려 두어야 한다는 사실을 이해하지 못했던 호모 에렉투스. 정착한 지역 동물들 대부분의 씨를 말렸고, 얼마 지나지 않아 새로운 지역을 찾아 늘 떠나야만 했다. 이미 한 번 지나친 지역엔 여전히 사냥감들이 부족했으니, 호모 에렉투스와 네안데르탈인 그리고 우리의 직계 조상인 호모 사피엔스 모두 '테라 인코그니타(terra incognita)', 그러니까 '미지의 세상'으로 떠나야 했다. 그렇다면 우리가 떠나고 싶어 하는 이유는 어쩌면 단순할 수도 있겠다. 언제나 떠나야 했기에, 우리는 여전히 떠나고 싶어 한다고. 떠나지 않으면 생존할 수 없다는 명령을 우리의 뇌가 여전히 내리고 있는 것인지 모른다고. 인류가 호모 비아토르가 되었던 이유는 선택이 아닌 필연이자, 생존을 위한 유일한 방법이었는지 모른다고.

그러나 마지막 빙하기가 끝나고 약 1만 5,000년 전부터 지구가 급격하게 따뜻해지기 시작하자 세상은 상상을 초월할 정도로 풍요로워진다. 아마 처음엔 우연한 발견으로 시작되지 않았을까? 기름진 중동 지역 땅에서 자라던 수많은 야생 곡식들. 씨가 땅에 떨어진 자리에 얼마 후 새싹이 자라는 장면을 관찰한 사람들은 충격적인 '비밀'을 하나 발견한다. 바로 땅에 씨만 뿌리고 물만 주면 곡식과 과일이 스스로 땅에서 자란다는 사실을 말이다. 너무나도 신비스러운 발견이었다. 어떻게 그런 일이 가능한 걸까? 저 커다란 나무가 작은 씨 안에 숨어 있었던 걸까? 도무지 이해하기 어려운 현상이었다. 하지만 인류 첫 농부들 역시 이것 하나만은 쉽게 이해할 수 있었다. 이제 더 이상 어렵게 사냥을 할 필요도, 먹이를 찾으러 위험한 미지의 땅으로 떠나지 않아도 된다!

농사의 발견은 호모 사피엔스 역사 중 가장 결정적인 변곡점이지 않았을까? 30만 년 가까이 떠돌아다니던 인류는 정착하기 시작했고, 머지않아 정착한 장소에 지식과 부가 누적되기 시작한다. 문명의 시작점이었다. 생존을 위해 더 이상 공간을 이동하지 않아도, 한곳에 정착해 기다리기만 해도 된다는 사실은, 하지만 동시에 호모 비아토르의 종말이기도 했다. 거대한 대륙과 신비스러운 자연을 개척하던 인류는 스스로를 좁고 냄새나는 마을에 가두어버린 것이다. 어쩌면 우리는 소와 돼지와 양과 함께 우리 자신을 가축화해버렸는지도 모르겠다.

공간적 여정과 탐험을 포기한 인류는 그 대신 '시간과 기억'을 얻는다. 사냥과 채집을 하며 떠돌아다녔던 인류에게 시간이란 언제나 흘러가는 것이었겠다. 아침에 일어나 굶주린 배를 달래며 사냥을 나가고, 하루 종일 춥고 위험한 야생을 떠돌다 살아남는다면, 먹잇감을 들고 저녁엔 집으로 향한다. 아니, '집'이라는 단어 자체가 무의미하다. 어차피 며칠 후면 새로운 사냥터로 떠나야 하기에 집은 단순히 오늘과 내일 안전하게 잠자고 그다음 날 사냥을 준비하는 장소일 뿐이겠다. 물건과 경험이 한곳에 누적되지 못하기에, 사냥과 채집 시절 인류에게 시간이란 '지금 이 순간'의 반복이었는지도 모른다. 순간들이 모이면 기억이 되고, 기억들이 모이면 역사가 된다. 오랜 시간 동안 인류는 역사도 기억도 없는, 순간의 현실에서 살아왔던 것이다.

하지만 농사와 가축화 덕분에 한곳에 정착하기 시작한 '새로운 인류'에게 시간은 너무나도 달랐다. 6개월 전 뿌린 씨를 같은 장소에서 수확하고, 지난주 먹다 남은 동물의 살점이 여전히 같은 곳에서 썩어가기에, 이전까진 흘러만 가던 시간이 이젠 정착한 공간에 쌓이고 누적되기 시작한다. 공간을 포기한 대신 시간을 얻은 인류는 누적된 시간을 바탕으로 '시간여행'을 하기 시작한다. 모닥불 둘레에 모여 앉아 이미 흘러간 과거에 대한 이야기를 하기 시작했을 테니 말이다. 돌아가신 부모님과 조부모님을 집집마다 거실 바닥에 묻어두었으니, 그들 역시 여전히 주변에서 함께 이야기를 듣고 있다고 생각했을 수도 있다. 부모님과 조부모님이 살아계셨던 시절의 이야기, 그리고 그들의 부모와 조부모의 이야기들. 너무나 오래된 일들이어서 아무도 기억하지 못하는 이야기들은 서서히 신화로 변신한다. 옛날 옛날에, 호랑이가 담배 피우고 곰이 춤을 추던 시절…. 아니, 더 먼 과거에 대한 이야기도 할 수 있겠다. 양도 없고 소도 없고 곡식도 없던 시절. 어쩌면 인간조차도 아직 없었던 과거엔 어떤 일들이 벌어졌을까?

익숙함의 덫, 낯섦의 의미

러시아 아동심리학자 레프 비고츠키(Lev Vygotsky)는 아이들의 놀이를 시간과 공간을 넘나드는 '시뮬레이션'이라고 해석한 바 있다. 태어나기 전 우리는 태어날 세상을 고를 수 없다. 아니, 우리는 태어나겠다고 동의조차 하지 않았다. 어떤 현실에서 어떤 문제를 마주치고 해결해야 할지 미리 알 수 없기에, 인간은 엄청난 수준의 유연성을 띤 뇌를 가지고 태어난다. 어릴 때 자주 사용되는 신경세포들은 살아남고 세포들 간 연결고리는 강화되는 반면, 사용되지 않는 신경세포들은 사라지거나 재활용된다. 경험한 환경과 세상이 뇌를 완성시키기에 우리는 우리의 뇌를 완성시킨 환경을 '고향'이라고도 부른다. 그런데 여기서 문제가 하나 생긴다. 태어나고 자란 특정 환경에만 최적화된 뇌는 새로운 변화에 대단히 취약할 수 있다. '대한민국'에서 자라 '대한민국 현실'에 최적화된 뇌를 가진 성인이 미국이나 유럽으로 이주했을 때 느끼는 소외감과 오해와 갈등. 현대 사회에선 단순히 불편할 뿐이겠지만, 새로운 환경과 현실로 이주한 과거 인류에겐 목숨을 위협할 수도 있는 위험 요소였겠다. 비고츠키는 어린 시절의 '놀이와 게임'이 바로 이런 위험 요소를 해결하는 방법이었다고 가설한다. 인간이 실질적으로 경험할 수 있는 물리적 환경은 무척이나 한정적이다. 하지만 놀이를 통해 우리는 현실에선 불가능한 우주인, 왕자, 해적의 '삶'을 시뮬레이션할 수 있다.

최근 기계학습 방법 중 하나인 딥러닝(deep learning, 심층학습)의 성공 사례를 배경으로 비슷한 아이디어가 제시되고 있다. 딥러닝의 핵심은 라벨링된 학습 데이터를 통한 '지도 학습(supervised learning)'이다. 주어진 '정답'과 기계 스스로가 얻어낸 '오답'의 차잇값을 이용해 인공 신경세포들 간의 연결고리 값을 최적화하는 방식이다. 그런데 여기서 자주 발생하는 문제가 하나 있다. 연결고리 값들이 학습에 사용된 데이터에 지나치게 과적합화(overfitting)된다는 것이다. 이미 경험한 데이터는 잘 인식하지만, 아직 경험해보지 못한 새로운 데이터에 대해 적절한 추론을 내리지 못하는 현상이다. 딥러닝 분야에서 제안된 해결책 중 하나는 데이터 임의추출(data randomization)이다. 실체가 없는 시뮬레이션 데이터를 학습 데이터로 추가 사용해 인공 신경세포들의 과적합화 문제를 해결하려는 것이다.

비고츠키가 제안한 '놀이와 게임' 역시 자라는 뇌가 특정 현실에 과적합화되지 않게 막아주는 매우 중요한 방법 중 하나라고 생각해볼 수 있지 않을까? 놀이와 게임만이 아닐 수도 있다. 필연적으로 호모 비아토르가 되어야 했던 고대 인류는 정착과 함께 공간적 여정을 시간적 여정으로 교체했다. 하지만 여전히 깊은 뇌 한구석엔 존재적 찜찜함이 남아 있지 않을까? 지금 이 순간 내 눈앞에 펼쳐진 현실. 태어나고 자란 마을과 국가가 그 어느 곳보다도 편하고 익숙하지만, 우리는 어쩌면 지금 이 현실에 너무나도 과적합화되어버린 것은 아닐까? 이곳의 내가 너무나 편하다는 사실은, 동시에 다른 곳에서의 나는 너무나도 불편할 것이라는 말이지 않을까?

그 어느 현실과 환경도 영원할 수는 없다. 그렇다면 내 존재의 모든 것을 내가 선택하지도 않은, 단순히 지금 이 순간 익숙하고 편한 한곳에 '올인'하는 것은 대단히 위험한 생존 전략이지 않을까? 1만 5,000년 전부터 서서히 정착하기 시작한 호모 사피엔스가 여전히 떠나고 싶어 하는 이유는 어쩌면 바로 이것일 수도 있겠다. 정착을 통해 편안함은 얻었지만, 익숙함은 동시에 우리를 한곳에 가두어 두는 존재적 감옥이라는 사실. 이를 너무나도 잘 알기에 인류는 언제나 익숙함을 추구하고 케케묵은 특정 현실에만 과적합화되어버린 자기 자신과 뇌를 다시 '흔들어놓기 위해' 테라 인코그니타, 미지의 세상으로 떠나려 하는지도 모르겠다.

역동적 균형 속의 이동 :
해방을 향한 이동인가, 몰락을 향한 이동인가

전현우
교통 연구자

QUESTION 14
기술공학

2021년 여름. 감염병 사태가 아니었다면 올해 인천공항을 오고 간 국제 여행객 수는 사상 최대치를 기록했을 것이다. 2010년 이후 약 10년간, 한국의 국제 여행객은 매년 약 10퍼센트씩 증가해왔기 때문이다(인거리❶ 기준). 감염병 사태는 이런 의미에서 아주 특별한 예외다. 경제보다 국제 여행객 수가 더 빠르게 성장하여 마치 '다들 여행 가려고 돈을 버는 것 같다'고 말해도 좋을 추세와 완벽하게 역행하는 상황이니 말이다. 국내 여행이나 도시 내부 이동조차 크게 줄었다. 숨 쉬듯 이뤄졌던 '이동'이 당연한 것이 아니었다는 점을 새삼스레 확인하는 시간이다.

　　　　이동이 값쌌기 때문에 숨 쉬듯 이뤄졌다고 할 수는 없다. 오히려 오늘날의 이동은 적지 않은 비용을 치러 얻어진 것이다. 오랜 기간의 충분한 경제성장이 이뤄져야 사람들은 자동차와 항공기가 제공하는 기회를 누릴 수 있다. 고소득 국가의 국민들에게 이동의 역량과 여행은 가장 쉽게 손에 넣을 수 있는 영광일지도 모른다. 그런데 감염병 사태 직전, 항공 여행은 그 영광을 조금씩 잃어가고 있었다. 항공 여행, 특히 6시간 이상 비행이 필요한 '대륙 간 항공 여행'은 1회 1인당 1톤 이상의 탄소를 배출한다.❷ 개인 소비 활동 가운데 시간당 가장 많은 탄소를 배출하는 활동인 셈이다. '비행 치욕(플뤼그스캄, flygskam)'이라는 이름의 힐난이 항공 산업에 쇄도한 까닭이 여기에 있다.❸

　　　　이동은 '여행의 즐거움'이나 '성장의 과실'과 같은 이익만으로 설명되지 않는 현상이다. 이동은 개인과 사회 그리고 생태 시스템에 일정한 비용을 강요한다. 비용이 일정 수준을 넘으면 아예 중단될 수도 있다. '이익과 비용 사이의 균형', 그리고 시간의 흐름 속 두 요소 사이에서 빚어지는 '균형 변화'는 이동과 여행의 어제와 오늘을 성찰하고 내일을 구상하는 데 무엇보다 중요한 틀이라고 할만하다. 독특한 시공간 속에서 실현되며 꽤 강건해 보이지만 실은 작은 충격에도 무너질 수 있는 그 역동적 균형점을 찾지 못하면, 어떠한 이동도 현실에서 실현될 수 없다.

QUESTION 14

기술과학

역동적 균형 속의 이동 :
해발을 향한 이동인가, 물락을 향한 이동인가

전현우(교통 연구자)

1.
어떤 교통수단을 이용한 인원에 각 인원의 이동 거리를 곱한 값. 가령 어떤 철도 노선에 하루 1만 명이 탑승해 평균 100킬로미터를 이동했다면 이 노선의 인거리는 100만 인킬로미터다.

2.
인류 1인당 1년 배출량은 평균 약 7톤, 즉 대륙 간 비행을 왕복 3~4번 한 것과 비슷하다.

3.
'비행 치욕'의 상대어는 '열차 여행의 자부심(탁쉬크리트, tagskryt)'이다. 철도 여객의 탄소 배출량이 항공의 1/5 수준이라는 사실에 기반을 둔다.

MECHANISM

네 개의 백년 : 1800, 1900, 2000, 2100

이동의 이익과 비용 사이의 역동적 균형을 생각하기 위해 이동 비용이 지금과 비견할 수 없을 만큼 높던 시점까지 시계를 되감아본다. 영국을 중심으로 증기기관에 대한 이해가 퍼져 나가던 1800년보다 이에 적절한 시점은 없을 듯하다. 그 이전, 가령 1700년이나 1600년에 인류는 지금과 같은 동력화된 교통의 세계를 만들 수 있는 수단에 대해 별다른 정보를 가지고 있지 못했고, 1900년은 이미 많은 것이 시작된 다음이기 때문이다.

1800

인류는 증기 엔진의 비밀을 막 알아가고 있었다. 그러나 아직 증기 보일러의 신뢰성은 이동 기기에 실을 수 있을 만큼 높지 않았다.❹ 육로로 이동하고자 한다면 말 먹이 또는 근육의 에너지원이 될 식량을 확보해야 했다. 해로로 이동한다면 말 먹이가 필요 없었지만, 바람이 끊어지면 기약 없이 항구에 발이 묶여 있어야만 했다. 대양을 왕복하려면 무역풍을 기다리지 않으면 안 되었고, 지구를 반 바퀴 돌아 유럽에서 중국까지 가는 데 걸리는 시간은 지구가 태양을 공전하는 시간과 비슷했다.

4.
1770년에 프랑스의 퀴뇨(Cugnot)에 의해 증기 자동차가 발명되기는 했으나, 화포의 수송과 같은 절실한 필요가 있었음에도 이 차량의 개발은 별다른 성과 없이 중단되었다.

1900

인류는 증기를 능숙하게 다룰 수 있게 되었다. 일본에서 모로코까지, 태평양에서 대서양까지, 세계는 증기 동력으로 연결되었다. 당신은 증기선과 열차 승차권을 구매하기만 하면 된다. (지금의 관점으로 보면) 사고나 기상 상태, 석탄 혹은 증기용 청수의 공급 불안정, 전쟁 등으로 불안한 네트워크지만, 아무튼 이제부터는 전문가에게 맡기면 며칠 내로 문제가 해결될 것이라고 믿고 있어도 좋다. 아마도 당신은 유럽에서 중국까지, 중국에서 미국까지 한 달이면 이동할 수 있을 것이다. 세계의 일부 지역에서는 전기와 내연기관이라는 또 다른 대안이 기지개를 켜고 있었고, 온갖 실패 속에도 인류는 곧 창공을 정복하게 될 비행기 기술의 목전에 도달해 있었다.

QUESTION 14

기술공학

역동적 균형 속의 이동 : 햇볕을 향한 이동인가, 물탕을 향한 이동인가

전현우(교통 연구자)

MECHANISM

2000

인류는 100년 전에는 생각하지 못했던 수준으로 이동하고, 이를 위해 석유에 의존하고 있다. 가장 널리 사용되는 이동 수단은 내연기관이고, 제트엔진이 이를 보조한다. 승용차는 도시를 넘어 전 국토로 연결된 망 전체를 가득 메우고, 지구의 자전 또는 소리와 비등한 속도로 항속하는 제트 항공기는 세계 전체를 무대로 하는 '세계 도시(global city)' 체계를 만들어낸다. '마이카(my car)'는 수백 킬로미터의 공간을, 항공기는 수천 킬로미터의 공간을 접어 단 하루 혹은 늦어도 2~3일 만에 당신이 원하는 지상의 어느 지점에든 데려다줄 것이다. 이 덕분에 인류 전체의 연평균 이동 거리는 수천 킬로미터, OECD 국가의 이동 거리는 1인당 1만 킬로미터를 넘어섰다. 적어도 OECD 국가에서 '동력화된 이동'은 독립된 질서를 가진 교통의 세계를 이루기에 이른다.

2100

이 시점, 아니 서기 3000년에도 이동에 전기가 쓰일 것이라는 점은 누구도 부인할 수 없는 물리적 사실에 가깝다. 항공기에 어떤 연료와 엔진이 쓰일지는 아직 불분명하지만,[5] 2100년에도 자동차, 철도, 일부 회전익기(승객용 드론), 기타 이동 수단 대부분이 전동기로 움직일 것임은 명약관화하다. 그러나 철도를 제외하고 이 시점의 전동기 기반 이동 수단들은 지금보다 운행 속도를 낮추어, 적은 수만이 대지 위를 움직일 것이다. 2100년에도 인류가 문명이라는 것을 이루고 있다면 그 구성원들은 기후 위기의 여러 악영향을 일정 수준 이하로 완화하는 데 성공한 사람들일 것이고, 탄소 배출량을 저감하고 에너지를 추출하는 토지 소비량 또한 줄이기 위해 교통 부문의 에너지 소비량은 크게 억제했을 것이기 때문이다. 아마도 사람을 싣고 서너 시간 내로 지구 반대편까지 도달하는 로켓[6]이 유럽과 동아시아, 아메리카의 주요 공항을

5.
제트 엔진을 사용하려면 액체연료를 사용해야 하고, 이를 위해 21세기 중후반까지는 바이오매스 연료를 사용할 가능성이 크다. 다음 보고서 참조. ICAO, *Sustainable Aviation Fuels Guide*(Ver.2), Montreal: International Civil Aviation Organization, 2018. 다음 주소에서 사용 가능. www.icao.int/environmental-protection

6.
안타깝게도 로켓이 온실가스 배출량, 에너지 소비량 측면에서 항공기에 비해 그리 낫다고 보기는 어렵다. 다음 참조. www.treehugger.com/spacex-launch-puts-out-much-co-flying-people-across-atlantic-4857958

연결하겠지만 운임이 무척 비싸고 접근성은 낮을 것이다. 기존의 항공기, 며칠에 걸쳐 대륙을 오가는 열차의 수요는 굳건하게 남아 있을 것이다.

갈림길 : 해방의 기관차로서의 이동, 또는 몰락의 기관차로서의 이동

네 개의 백 년 가운데 첫 세 개는 우리에게 익숙한 궤적을 그리고 있다. 가속화된 이동은 처음에는 일국 내에서, 급기야는 세계 전체에 걸쳐 한 인간이 자신의 몸을 시간적으로 흩뿌려놓을 수 있게 했다. 200년 동안 정교화, 가속화되어 온 이동의 힘은 인간을 공간의 속박에서 해방시켰다. 자신이 동의하지 않는 관습이나 인간관계가 지배하는 지역을 떠나 다른 어딘가로 옮겨가기 위해 지불해야 하는 비용은 계속해서 하락했다. 떠나려는 사람이 얻을 것은 전 세계이지만, 잃을 것은 며칠에서 몇 달 정도 일하면 벌 수 있는 금전 정도다.

그러나 그 뒤의 백 년은 완전히 다른 종류의 궤적을 보여준다. 엔진이 배출하는 탄소, 이동과 함께 열과 마찰로 사라지는 방대한 양의 에너지를 상기시키는 이 궤적은, 그에 앞서 200년 동안 진행된 이동의 팽창이 또 다른 종류의 역동적 균형 상태로 인류를 데려다 놓았다는 점을 보여준다. 탄소 배출량 총량의 14퍼센트, 에너지 연소를 통해 배출된 배출량 가운데서는 약 18퍼센트가 '교통 부문(transport)'에서 비롯한다. 이 비중은 소득과 함께 증대하는데, 국제에너지기구(IEA)의 추산[7]에 따르면 OECD 국가에서 교통 부문의 탄소 배출량은 '발전 부문(power)'을 상회하고, 승용차(light duty vehicle)의 배출량은 석탄 화력과 거의 비슷하다. 게다가 인구 수 차이에도 불구하고 OECD 국가와 비OECD 국가의 교통 부문 배출량은 거의 같다.[8] OECD 국가와 비OECD 국가의 인구 비율이 약 1 대 5(14억 명 대 63억 명, 2018년 기준)임을 감안하면, 비OECD 국가의 인구당 교통 부문 배출량이 OECD 국가만큼 늘어날 경우 세계의

7.
IEA, *Energy Technology Perspective 2017*, IEA, 2017.

8.
반면 발전 부문 배출량 차이는 비율로 따져보면 1 대 2로 인구 비중에 더 가깝고, 산업 부문은 1 대 4 수준이어서 인구 비중과 크게 다르지 않다.

탄소 배출량은 50퍼센트 정도 증가할 것이다. 이것이 극단적인 시나리오라고 해도 이동을 지금과 같은 추세로 확대하면, 다시 말해 이동의 힘을 확대하는 것이 곧 인간의 개발이라고 생각하며 자원을 지금처럼 방만하게 투입하면(너무도 상투적인 경고이지만) 파멸적 후과(後果)가 따를지 모른다.

　　　이 두 종류의 궤적을 따라, 나는 이동의 미래에 대한 두 예언을 그리게 된다. 개별 차량 또는 기체(機體)는 엔진에 의한 추력이 마찰에 의한 저항력보다 강할 때만 이동할 수 있다. 지난 세 개의 백년에 걸쳐 확대되었던 교통의 세계 역시, 그렇게 해서 얻을 수 있는 이익이 비용보다 클 때 확대될 수 있다. 지난 200년과 마찬가지로 앞으로도 이동으로 얻을 이득은 커지고 비용은 줄어들 것이라는 예언을 '이동에서의 낙관주의'라고 하자. 반면에 지난 200년과는 상반되게, 앞으로는 이동으로 얻을 이익보다 그 비용이 더 빠르게 증대되어 어느 임계점을 넘으면 걷잡을 수 없게 될지도 모른다는 예언을 '이동에서의 비관주의'라고 하자.

SECTION 4

섣불리 희망을 말하지 않는 이유

오늘날 낙관주의의 핵에는 자동차 기술과 산업의 변화가 있다. 운전 인지 체계의 무인화, 동력의 전기화, 공유 자동차의 확대 등이 자동차 교통의 중대 난점인 인간의 불완전성, 탄소와 에너지 문제, 자가용 승용차의 값비싼 비용을 해결할 수 있다는 전망, 다시 말해 '두 번째 자동차화(second motorization)'가 눈앞에 와 있기 때문이다. 이동에서의 낙관주의는 이 전망을 타고 영향력을 확대하는 중이다. 지난 100년간의 첫 번째 자동차화가 그랬던 것처럼 두 번째 자동차화가 인간의 이동을 확대하고 인간이 자신의 물리적 위치를 결정할 자유를 확대할 것이라는 것이 낙관주의를 설파하는 예언자들의 주장이다.

이러한 예언을 뒤집을 비관주의적 증거는 도처에 있다. 운전이 편리해지면 자동차 통행량이 급격히 증가하여 도로 정체가 계속될 것이며, 운행 속도를 높여 달라는 요구가 관철되면 에너지 소비량이 늘어 탄소 감축은 머나먼 이야기가 될 수 있다. 전기차 이행의 속도는 아직 확신할 수 없으며, 2100년에도 내연기관차가 거리를 누비고 있을지 모른다. 감염병은 개인의 독립 공간에 대한 선호를 불러 차량 공유 산업을 약화시켰다. 세계적으로 SUV와 같은 큰 차를 선호하는 경향이 퍼져나가는 이상 에너지 및 탄소 비용은 더욱 증가할 것이다.

한 가지만은 분명하다. 기술과 산업의 발전만으로 낙관주의를 이야기하는 것은, 너무나 섣부르다. 두 번째 자동차화가 가져올, 이동으로 얻을 이득의 증대는 논의의 여지가 없는 인간의 해방이 아니며 오히려 더욱 큰 비용의 증가로 이어질 수 있다. 교통의 세계에 참여하는 행위자들이 부지불식간에 사회에 떠넘기게 될 비용을 따져, 제도와 문화의 힘으로 이 비용에 대해 책임을 물리는 시도가 충분히 이뤄지지 않는 한 희망과 낙관은 설 자리가 없을 것이다.

단순히 절망을 말하지도 않는 이유

비관주의의 핵에는 분명 기후 위기가 있다. 두 번째 자동차화에 의한 변화는 낙관주의보다 비관주의를 지지하는 증거들과 더 밀접하게 연결된 것처럼 보인다. 게다가 지구를 '지구촌'으로 접어 버리는 데 큰 기여를 했던 제트 엔진은 그야말로 위기에 처해 있다. 바이오매스(biomass) 이외에는 2021년 현재 석유를 대신하여 사용할 수 있는 대안이 없기 때문이다. 전기, 수소 비행기는 아직은 개념 연구의 영역에 속해 있을 뿐이다. 최근 IEA가 도로 제한 속도의 상한선을 명시적으로 규정하고, 차량의 자중(自重)을 줄이며, 장거리(비행시간 6시간 이상) 여가 목적 항공 통행의 양을 2019년 수준으로 동결해야 한다는 권고까지 내놓고 있는 이상,[9] 적어도 앞으로 수십 년은 이동의 확대가 억제된 미래가 우리를 기다리고 있는 듯하다.

　　　　이렇게 말할 수도 있다. 오늘의 이동을 어느 선에서 억제하지 않는다면 내일 우리는 비탄에 빠진 사람들의 이동을, 그것도 아주 대규모로, 또한 남의 일이 아니라 자신의 일로 마주하게 될 수도 있다. 기후 위기에 취약한 개도국에서 정치적 불안정이 더욱 잦아진다면 정치 체계가 무너진 조국을 뒤로한 채 안정된 선진국으로 향하는 난민의 이동은 지금보다 규모가 더 커질 것이다. 선진국의 거대 도시라고 해서 비탄에서 자유롭다고 할 수는 없다. 세계 거대 도시의 절반 이상은 바닷가에 위치하기 때문이다.[10] 뉴욕 등 바닷가의 거대 도시가 해양 재난에 타격을 받고 점차 붕괴하면, 사람들은 바다가 제공하는 해운 교통을 사용하기 어려워져 상대적으로 부를 쌓기 어려운 내륙으로 이동할 것이다. 이 이동은, 최악의 경우에는 이동 역량이 낮아져 내륙에 고립된 몇몇 인구 집단들로 인류가 쪼그라드는 것을 종착점으로 할지도 모른다. 새로운 삶과 기회 또는 경험을 찾는 설렘이 아니라, 땅과 집을 잃은 사람들의 비탄이 앞으로 이동의 주류를 이룰 수도 있는 셈이다.

9.
IEA, *Net Zero by 2050*, International Energy Agency, 2021.

10.
2018년 기준 거대 도시 43곳 가운데 27곳의 도시권이 해안에 위치하며, 중심 도시가 해안에 있는 곳도 21곳이다. OECD 국가의 거대 도시 11곳 중 파리, 멕시코시티, 시카고 정도만이 바다에서 100킬로미터 이상 떨어진 내륙에 있다.

그럼에도 비관주의는 그 자체로 만족스러운 시각이라고 할 수 없다. 비관적 경고는 어디까지나 무언가를 적극적으로 건설해 나가자는 권고와 함께할 때만 호응을 얻을 수 있기 때문이다. 문명의 파멸, 이동의 중단을 원하는 것이냐는 비아냥거림을 듣는 데 그치지 않으려면 이동의 비용이 과도하게 늘어나지 않도록 관리하면서도 이동이 개인에게 가져다주는 해방적 힘을 포기하지 않는 관점과 실천이 필요하다.

희망과 절망 사이

이러한 관점과 실천의 출발점은 도시와 교통 시스템, 인간의 삶과 욕망 그리고 기후 시스템과 같이 교통의 비용으로 인해 인과적 영향을 받는 광범위한 시스템 모두를 한 시야로 조망하는 성찰일 것이다. 적정 수준의, 그리고 원할 때 사용할 수 있는 이동의 역량을 모든 사람들에게 보장해야 한다는 요구. 또 이렇게 보장되는 이동의 역량이 기후 시스템의 관점에서 최소한의 비용만으로 충분히 제공될 수 있어야 한다는 요구. 미래의 이동이 자리할 역동적 균형 지점은 이 둘 사이에서 결정될 것이다.

이런 사변을 손에 잡히게 만들 수 있는 질문을 던져보자. 당신이 지금 계획 중인 바로 그 이동, 여행, 체험은, 그것을 위해 배출되어야 하는 탄소 등의 비용보다 더 가치가 있어 수치스럽지 않은 일이라고 할 수 있는 것일까? 사회는 각 해법마다 비용에 기초한 가격을 매길 수 있을 뿐, 궁극적으로 그 비용을 치를지 판단하는 것은 우리 각자에게 달려 있다. 지나치게 과격한 힐난이라고 보든, 들을만한 가치가 있는 비판이라고 보든, 이러한 성찰이 없다면 우리의 판단은 다가오는 도전 앞에서 균형을 유지하기 어려울 것이다.

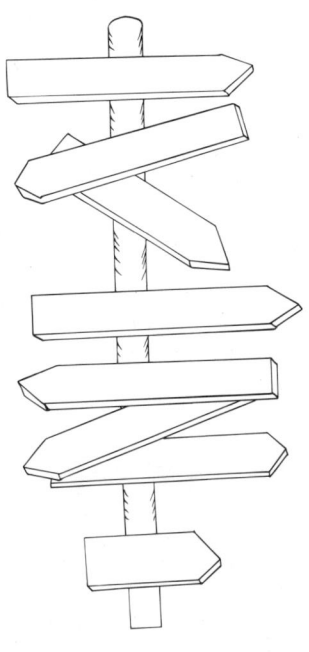

대부분의 사람은 낯선 곳으로의 여행을 좋아하고, 여행을 준비하는 시간 동안에도 설레기 마련이다. 모든 여행 중에서도 우주로의 여행은 인류에게 언제나 달콤한 꿈과 같았다. 그 꿈의 중심에 바로 달 여행이 있다. 고대 로마의 그리스인 작가 루키아노스(Lukianos)의 《진실한 이야기(Alēthēs Historiā)》나 중세 시대 영국의 성직자 프랜시스 고드윈(Francis Godwin)의 《달세계 인간(The Man in the Moone)》은 새의 날개를 달고 달을 향해 날아가는 인간을 사실적으로 묘사하고 있다. 19세기에 들어서는 뉴턴 역학 등 현대 과학의 눈부신 발전과 더불어 과학적 사실에 기반을 둔 수준 높은 공상과학소설들이 세상에 나오기 시작했다. 특히 쥘 베른(Jules Verne)의 《지구에서 달까지(De la terre à la lune)》는 정확한 과학 지식과 풍부한 상상력이 넘치는 작품으로 오늘날까지 세계 각국의 언어로 번역되어 널리 읽히고 있다.

초기 달 탐사의 짧은 역사

인류 최초의 인공위성인 스푸트니크 1호는 지구의 대기권을 벗어나 지구 저궤도에 도착한 최초의 인공위성이다. 1957년 10월 4일 구소련은 세계 최초의 인공위성인 스푸트니크 1호를 쏘아 올리는 데 성공했다. 미국의 첫 번째 인공위성인 익스플로러 1호보다 4개월이나 앞선 기록이다. 무생물인 인공위성의 성공적인 궤도 안착에 힘입어 이제 인류는 생명체를 우주로 올려보내기 시작한다. 인류 최초로 대기권을 벗어난 우주 비행을 성공한 인간은 구소련의 유리 가가린이다. 그는 안전한 우주선 안에서 지구를 내려다본 최초의 인간이다.

"지구는 푸른빛이었다."

이 말은 인류 최초로 우주에 나간 그가 우주에서 지구를 본 뒤에 한 말이다. 인공위성 분야에 이어서, 유인 우주탐사 분야에서도 미국은 구소련에 주도권을 빼앗기고 있었다.

이런 상황에서 미국은 방향을 달로 돌렸다. 인류 최초의 달 착륙을 목표로 한 것이다. 미국과 구소련은 모두 인간의 달 착륙을 목표로 혼신의 노력을 다했으나 꿈을 현실로 만드는 과정은 험난했고 모든 도전이 그러하듯이 처음에는 실패의 연속이었다. 그러던 중 1970년이 되기 전에 인간을 달에 보내겠다던 존 F. 케네디 대통령의 말대로, 1969년 7월 20일 아폴로 11호가 달에 착륙했다. 아폴로 11호는 '아폴로 프로젝트'상의 다섯 번째 유인 우주비행인 동시에 세 번째 유인 달 탐사이기도 했다. 이 프로젝트의 목표는 인간을 달에 착륙시켰다가 무사히 지구로 귀환시키는 것이었다. 아폴로 11호에는 세 명의 우주인 닐 암스트롱, 마이클 콜린스, 에드윈 올드린이 타고 있었다.

SECTION 4

얼마 전 아폴로 11호의 사령선 조종사였던 마이클 콜린스가 암 투병 끝에 90세의 일기로 별세했다. 콜린스는 역사적인 아폴로 11호 임무에 동참했지만 달 지표면에 내린 암스트롱과 올드린만큼 세간의 주목을 받지 못했다. 그에겐 '잊힌 우주비행사', '기억되지 않는 세 번째 우주인'이라는 수식어가 달리곤 했다. 사령선에 타고 있던 콜린스는 암스트롱과 올드린이 다시 돌아올 때까지 21시간 넘게 사령선에 홀로 머무르면서 동료들의 임무를 도왔다. 콜린스는 동료들이 달에 성조기를 꽂는 순간은 지켜보지는 못했지만 처음으로 달의 뒷면을 관측한 사람이었다. 생전에 그는 아폴로 11호 임무에서 가장 강력했던 기억으로 우주에서 지구를 바라봤던 것을 꼽았다. 그는 지구가 "부서지기 쉬운 것 같았다. 세계의 정치 지도자들이 지구에서 10만 마일 떨어진 거리에서 그들의 행성을 볼 수 있다면, 그들의 관점은 근본적으로 바뀔 수 있다고 믿는다"고 말했다. 그러면서 "우주 탐사는 선택이 아니라 반드시 해야 하는 일"이라고 역설했다.

사실, 아폴로 11호의 달 착륙 성공에 지금까지도 많은 사람이 의혹의 눈초리를 보내고 있다. 당시의 척박한 우주 기술로 달에 사람을 보낼 수 있었을지 의심을 품는 사람들이 여전히 많기 때문이다. 현대 기술로도 우주에 사람을 보내는 것은 매우 어렵다. 그러나 힘들고 어려운 기술이라고 해도 목표가 분명하고 인적, 물적 지원만 충분하다면 주어진 기한 안에 무언가를 개발하는 것이 불가능한 일은 아니다.

달, 우주 탐사의 전진 기지

유니버스(universe), 코스모스(cosmos), 스페이스(space). 이 세 단어는 모두 우주를 의미하지만 시사하는 바가 각각 다르다. '유니버스'는 별이나 은하, 물리 법칙을 아우르는 물리적으로 기술할 수 있는 우주를, '코스모스'는 철학적인 개념의 삼라만상, 우주의 조화를 의미한다. 그리고 '스페이스'는 인류가 직접 또는 로봇을 통해 탐사할 수 있는 더 현실적이고 우리와 조금 더 가까운 우주를 의미한다.

1950년대 후반까지만 해도 갓 인공위성을 쏘아올린 인류의 스페이스는 기껏해야 지구 저궤도 수준이었다. 1969년을 기점으로 인류의 스페이스는 달까지 확장된다. 인류의 달 탐사는 1959년 구소련의 루나 2호로 시작됐고, 1969년 미국의 아폴로 11호가 인류 최초로 유인 달 착륙에 성공하면서 달에 관한 인류의 관심은 최고조에 달했다.

초기 달 탐사는 무인 탐사선으로 달 주변을 며칠 돌고 오는 것이 전부였다. 달 궤도에 도착한 탐사선이 달 주변 우주 환경 자료를 지구로 보내오는 수준이었다. 그렇게 얻은 귀중한 자료를 과학적으로 분석해온 결과, 인류는 달에 물과 천연자원이 풍부하다는 것을 알게 됐다. 달에서 필요한 물이나 희토류 등의 자원을 달에서 확보할 수 있다는 사실이 2009년 발사된 NASA의 달 탐사 위성인 LRO/LCROSS 미션으로 확인된 것이다.

달이 매력적인 또 다른 이유는 헬륨-3의 존재다. 태양풍 입자 중 하나인 헬륨-3는 헬륨-4와 함께 달이 생성된 이후로 달 표면에 축적되어 있다. 달 표면에 있는 헬륨-3는 인류가 1만 년을 사용할 수 있는 양의 핵융합 에너지원으로 청정 에너지 자원이다. 어쩌면 인류가 달에 좀 더 오래 체류하는 일이 가능해질 수도 있다. 잠시 다녀오는 것과 장기 체류를 하는 것은 '여행 준비' 면에서 차원이 다르다. 이제 인류는 화성으로 가기 위한 전진 기지로 달을 활용한다는 원대한 계획을 세우고 있다.

SECTION 4

현재 NASA는 2024년까지 달에 첫 번째 여성 우주인과 열세 번째 남성 우주인을 보내는 프로젝트인 '아르테미스 프로젝트(Artemis project)'를 진행하고 있다. '아르테미스'는 그리스 로마 신화에 나오는 태양신 아폴로의 쌍둥이 누이 이름이다. 이전의 유인 달 탐사 프로젝트인 '아폴로 프로젝트'와 쌍을 이루게 후속 달 탐사 프로젝트 이름을 지은 것이다. NASA는 1969년부터 1972년까지 이 아폴로 프로젝트를 통해 이미 여섯 번의 유인 우주선을 달로 보냈고, 열두 명의 우주인이 달에 발자국을 남겼다. 그러면 왜 지금, 인류는 또다시 달로 사람을 보내려는 걸까?

스페이스엑스의 최고경영자인 일론 머스크의 꿈은 화성에 가는 것이다. 2018년에 타계한 스티븐 호킹 박사를 비롯해 여러 지식인들 또한 지구의 기후변화, 인구과잉, 전염병 등의 대재앙을 피해 인류가 다른 행성으로의 이주를 준비해야 한다고 말해왔다. 대항해 시대, 식민지 개척 시대를 지나 머지않은 미래에 인류는 경제적·산업적 발전과 번영의 한계에 도달할 것이다. 인류에게 또다시 새롭게 정복할 땅과 자원이 필요해진 것이다.

과학자들은 태양계 행성 중에서 인류가 거주하기에 가장 적합한 행성으로 화성을 꼽는다. 하지만 현재의 우주 기술로는 지구에서 화성까지 편도 여행만으로도 6개월에서 9개월 정도의 시간이 걸린다. 화성으로 비행하는 동안 우주 공간에서의 장기간 고립 상태에서 불거지는 인간의 심리적·신체적 변화와 우주방사선에 의한 피폭 문제 등 해결해야 할 문제가 한두 가지가 아니다.

NASA가 달 탐사에 매진하는 까닭이 바로 여기에 있다. 지구와 가장 가까운 천체인 달에 임시로 머물 수 있는 전진 기지를 만들어두려는 것이다. 지구에서 달까지는 38만 4,000킬로미터, 현재의 우주 기술로는 편도로 3일이 걸리는 거리다. 결코 짧은 거리는 아니지만, 화성까지 거리인 5,460만 킬로미터에 비하면 짧다고 할 수 있겠다.

아르테미스 프로젝트의 핵심은 루나게이트웨이(Lunar Orbital Platform-Gateway)다. 루나게이트웨이는 2024년에 운영 만료 예정인 국제우주정거장을 대체할 차세대 우주정거장이다. 이 새로운 우주 정거장은 지구와 달이 잡아당기는 중력이 정확히 0이 되는 지점인 라그랑주점(Lagrangian point) 근처의 궤도를 따라 달 주위를 지속적으로 공전할 계획이다.

아폴로 프로젝트에서는 탐사선이 달의 특정 부분에만 접근할 수 있었지만, 아르테미스 프로젝트에서는 루나게이트웨이를 이용하여 달의 어느 부분이건 원하는 지점에 착륙할 수 있게 된다. 달의 남극점에도 착륙할 수 있게 되는데, 달 남극에서는 하루 종일 태양이 지지 않아 태양에너지로 상시 전기를 만드는 발전 시설을 만들 수 있다. 또 달 남극에는 수백만 톤의 얼음이 존재할 것으로 예상되고 있다. 얼음을 활용하면 현지에서 물을 만들 수도 있고, 물을 산소와 수소로 분리해 인간이 숨을 쉬는 데 사용하거나 로켓 추진 연료로 사용할 수도 있다. 루나게이트웨이에 참여하기 위해 여러 나라가 자발적으로 국제협력체계를 구축하고 있는데, 현재 미국, 유럽, 일본, 캐나다, 러시아가 서브 모듈을 만드는 데 참여하기로 결정했다. 우리나라도 참여를 희망하고 있다.

2021년 현시점의 인류는 달 표면에서 현지 자원을 활용하여 달 기지 건설을 실현하고, 2030년경에는 화성 표면에 정착해 또 하나의 지구를 만들어갈 계획이다. 이에 따라 우리나라는 2022년에 달 궤도선(KPLO)을 발사하여 과학 탑재체를 통해 달 지질 자원과 달 환경을 조사하고, 2030년에는 달착륙선과 로버를 발사할 예정이다. 현재는 한국천문연구원, 한국지질자원연구원, 한국항공우주연구원 등 정부 출연 연구소를 중심으로 달 현지 자원 활용에 관한 기초 연구와 국제협력프로그램에 참여하고 있다. 향후에는 달 극지 지역에서의 현지 자원 추출 및 활용과 연관된 기초 실험과, 달 환경에 적응하기 위한 시스템 운용 시험에 대한 조사가 진행될 예정이다.

SECTION 4

달을 용이하게 드나들 시점이 되면 전 세계가 헬륨-3를 확보하기 위해 치열한 경쟁에 나설 것으로 전망된다. 헬륨-3는 태양에너지 이외에 지구, 달, 화성에서 사용될 수 있는 유용한 에너지원이기 때문이다. 인류가 지구, 달, 화성 세 행성의 표면에서 경제적 활동을 하게 될 날도 점쳐지고 있다. 우리나라도 이에 발맞추어 독자적인 달 탐사 기술을 확보해 달 기지 건설 및 자원 확보에 대한 장기적 계획을 세우고, 우주여행의 실현에 실질적으로 기여할 수 있기를 기대한다.

우주여행 가방을 꾸리며

미지 세계로의 여행에 대한 동경은 어쩌면 인간 본성에 새겨져 있을지도 모른다. 우리 행성의 미개척 영역부터 심해와 우주에 이르기까지, 인류는 위험하지만 도전적인 여행을 끊임없이 시도해왔다. 우주여행을 통해 인류는 인간 한계에 도전하고 있다. 우주 탐사를 토대로 해 과학 지식의 경계를 확장해나가는 일은 생각만으로도 설레는 일이다. 지금까지 그래왔던 것처럼, 미지 세계로의 탐험은 우리의 미래 생존을 가능하게 할 열쇠를 제공해줄 것이다.

코로나 시국에 해외여행은 물론이고 국내여행도 마음껏 하기 어려워진 지 한참이다. 이렇게 현실이 답답할 때일수록 오히려 미지 세계를 탐험하는 달콤하고 흥미진진한 우주여행을 상상해보면 어떨까 싶다. 뉴스페이스(New Space) 시대로 진입하면서 로켓 재사용 기술 등 우주 기술도 획기적으로 발전하고 있다. 우주여행이 더 이상은 실현 불가능한 꿈이 아니게 되는 날이 곧 올 것이다. 모두가 '여행 준비'를 해야 할 시기가 머지않았다. 달로 가는 여행에는 가방에 뭘 넣어 가야 할지 상상만으로도 즐거운 요즘이다.

예민한 여행자들
Highly sensitive travelers

QUESTION 16
의학

전홍진
정신건강의학 전문의

Illustration by Lee Yoon-Ho

보통 여행은 우리에게 즐거운 기억을 남깁니다. 즐거운 기억은 사람을 편안하게 만들고 긴장과 불안을 줄여주지요. 일상이 바쁘게 돌아갈수록 우리가 여행을 꿈꾸는 까닭은 아마도 이 때문일 듯합니다.

그런데 우리 주변에는 여행에서 오히려 어려움을 겪고 힘든 기억을 가지고 돌아오는 사람들이 있습니다. 대표적 사례가 바로 '예민한 사람들'일 것입니다. 'Highly Sensitive Persons(HSP)'라는 말을 들어보셨는지요. 직역하면 '매우 예민한 사람들'이라는 뜻인데, 의학적 용어나 질병명은 아닙니다. 2006년 일레인 아론(Elaine N. Aron) 박사가 제시한 개념으로 '외부 자극의 미묘한 차이를 인식하고 자극적인 환경에 쉽게 압도당하는 민감한 신경 시스템을 가지고 있는 사람'을 의미합니다.

실제로 예민한 사람들이 보는 세상은 덜 예민한 사람들이 보는 세상과 차이가 있습니다. 비유하자면 예민한 사람은 고성능 카메라와 마이크, 매우 복잡한 프로그램이 설치된 컴퓨터와 같습니다. 남이 생각하지 못한 것을 생각하고, 보지 못하는 것을 보고, 듣지 못하는 소리를 듣습니다. 그런 탓에 낯선 환경, 사람 많은 장소는 예민한 사람들의 귀와 눈을 자극하고 머리를 복잡하게 만듭니다. 즐거워야 할 여행이 이들에겐 도통 즐겁지 않게 되는 원인이 여기 있습니다. 여행이 너무 힘들어서, 다시는 여행을 가고 싶지 않게 돼버리기도 합니다.

그렇다고 마냥 단념해버리기에 여행은 너무나 아까운 경험입니다. 여행에서 얻은 추억은 일상의 예민한 마음을 달래주는 좋은 약이 될 수 있거든요. 예민한 사람이 여행 시 겪는 곤란에는 어떠어떠한 것들이 있는지, 몇 가지 짚어보도록 하겠습니다. 본인이 예민한 편이라면, 혹은 여행의 동반자가 예민한 편이라면, 미리 그 성향을 파악하고 대처할 준비를 하면 좀 더 편하고 즐거운 여행을 다녀올 수 있습니다.

떠나기 전에

예민한 사람들은 여행 가기 전부터 지나치게 걱정합니다. 혹시 꼭 필요한 것을 놓고 가지 않을지, 여행 가서 사고를 당하지 않을지, 동행자와 만나지 못하지 않을지 등등. 때로 걱정이 지나쳐, 여행을 앞두고 설레기는커녕 피로감부터 느낄 정도입니다.

아이러니하게도 예민한 사람들은 긴장 수준은 높지만 다른 곳에 신경 쓰느라 정작 중요한 물건(예를 들어 여권이나 신분증)을 집에 놓고 공항에 도착해 낭패를 볼 때가 많습니다. 그러므로 여행에 필요한 물품들은 미리 한곳에, 철두철미하게 모아두어야 합니다.

실수를 예방하기 위해서죠. 해외여행인 경우 기본적으로 필요한 준비물로는 여권, 비자, 현금(달러), 여행용 모자와 가방, 항공권, 호텔, 숙소 바우처, 여행자보험, 상비약, 선글라스, 멀티플러그, 세면도구, 충전기 등이 있겠네요. 현지 날씨에 맞추어 옷과 점퍼 등을 추가로 준비하는 것도 좋습니다. 국내 여행일지라도 여권이나 비자만 빼고 모두 미리 살펴보면 마음이 한결 놓이겠죠?

비행기 안에서

예민한 사람 중 비행기 탑승 공포증을 호소하는 비율이 꽤 높은 편입니다. 그래서 다음과 같은 점을 항시 유념하는 것이 좋습니다.

QUESTION 16

의학 예민한 여행자들

첫째, 출발시간보다 일찍 공항에 도착해야 합니다. 가능한 한 복도 좌석을 확보하기 위해서인데요, 복도 쪽에 앉으면 쉽게 의자에서 나갈 수 있어서 비행공포증이 덜해지거든요. 둘째, 비행기 안에서는 카페인이 포함된 커피, 녹차, 홍차 등을 마시지 않습니다. 카페인은 긴장을 증가시켜서 불안이나 공황 증상을 악화시킵니다. 맥주, 탄산음료 등은 큰 영향이 없다는 게 그나마 위안이 되는 점입니다. 식사를 하면 포만감이 들어 긴장이 줄어드니 가능한 한 먹는 편이 좋습니다. 셋째, 비행기가 난기류(turbulence)에 흔들려도 추락하지 않는다는 사실을 되뇝니다. 최신 항공기들은 심한 난기류에도 잘 견디도록 설계되어 있죠. 미국 연방항공국(America's Federal Aviation Administration, FAA)에 의하면 매일 미국에서 260만 명이 항공기를 이용하는데, 2017년 한 해 동안 난기류로 인해 다친 사람은 17명에 불과했다고 합니다. 실제로 자동차 사고에 비해 매우 낮은 비율입니다. 넷째, 호흡이 곤란해지거나 숨쉬기 어려울수록 호흡을 천천히 하고 복식호흡을 합니다. 너무 빨리 숨을 쉬려 들면 오히려 호흡 곤란이 더 심해진다는 점, 유념하세요.

전홍진(정신건강의학 전문의)

MECHANISM

바뀐 잠자리에서

사람은 하루 중에 낮에는 각성 주기를, 밤에는 수면 주기를 거칩니다. 각성과 수면의 주기에 따라 호르몬 분비를 비롯해 대사 작용 등의 신체 주기가 조절됩니다. 그런데 평소 살던 시간대와 다른 표준 시간대에 놓인 장소로 이동하게 되면 현지 시간과 신체 주기가 어긋나게 되어 몸에 여러 증상이 나타나는 '제트 래그'를 겪습니다. 제트 래그는 대체로 시차가 4~5시간 이상일 때 나타나는데, 여행 거리가 길수록 시차가 많이 변하기 때문에 증상도 심해집니다. 또 서쪽으로 이동할 때보다 동쪽으로 이동할 때 증상이 더 잘 생기는데, 이는 지구의 자전 탓입니다.

제트 래그가 심한 예민한 사람들은 여행 중 밤잠을 이루지 못해 어려움을 겪습니다. 여기에 다른 일행과 방을 함께 쓴다면 곤란함의 정도는 더 심해지죠. 코 고는 소리, 뒤척이는 소리 때문에 잠을 이루지 못하고 자주 깨게 됩니다. 이렇게 밤잠을 이루지 못하면 다음 날 여행 일정은 고역이 되고, 비몽사몽 중에 컨디션이 흐트러져 여행의 기분을 망치게 됩니다.

자신의 예민함을 자각하고 있다면 제트 래그를 방지하기 위해 다음처럼 행동하는 것이 좋습니다. 먼저, 여행지에서 아침에 일찍 일어나 햇볕을 쬐면서 조깅을 합니다. 오전에 빛을 쬐면 눈으로 빛이 들어가면서 뇌 심부의 컨트롤센터인 '시상하부'에 신호를 주게 되거든요. 신호를 받은 시상하부는 에너지를 증가시키고 잠을 깨우는 역할을 합니다. 아마 그날 저녁부터는 잠이 더 잘 오게 될 것입니다. 다음으로, 역시 커피나 각성이 되는 음료를 오후에는 마시지 않습니다. 여행을 하다 보면 오래 걷게 되고 목이 말라서 아이스 아메리카노를 물 대신 마시는 사람들을 보게 되는데요, 각성이 되어 밤잠을 못 이룰 수 있습니다. 예민한 사람에게는 특히 금물입니다.

운전 중에

여행지에서의 운전도 큰 난관 중 하나입니다. 물론 예민한 사람들은 워낙 조심스럽게 운전을 하기 때문에 큰 사고를 내는 경우는 많지 않습니다. 다만, 다른 사람과 비교해서 운전에 너무 많은 에너지를 소모하는 탓에 쉽게 기진맥진해지고, 그 결과 제대로 여행을 하지 못하게 되는 곤란을 겪게 됩니다.

일반적으로 운전은 하면 할수록 익숙해지고 불안도 줄어들게 됩니다. 하지만 낯선 외국이라면? 익숙하지 않은 지역에서 운전을 하는 일은 그 자체로 부담입니다. 특히 터널이나 고가도로에선 공포감이 더 심해집니다. 예민하지 않은 사람들의 눈에는 이상하게 느껴질 수도 있습니다. 예민한 사람 본인도 공포가 과도하다는 것을 잘 알고 있습니다. 하지만 몸이 자신도 모르게 공포 반응을 일으켜 사고를 내지 않을까, 다시 또 지나친 걱정을 하게 되곤 합니다.

이것은 특정공포증(specific phobia)의 일종입니다. 특정공포증은 많은 사람이 겪고 있는데 특히 여성에게 많이 나타납니다. 특정공포증에는 네 가지 유형❶이 있으며, 이 중 터널이나 고가도로에서 운전할 때 공포를 느끼는 것은 '상황형'에 해당합니다.

1.
첫째로, 동물형(Animal type)이 있습니다. 파충류, 쥐, 벌레, 고양이, 개 등을 보면 공포감을 느끼는 경우입니다. 둘째는 자연환경형(Natural environment type)입니다. 폭풍, 높은 곳, 물 등의 자연환경을 두려워하는 경우입니다. 셋째는 혈액·주사·손상형(Blood/injection/injury type)인데요, 피를 보거나 주사를 맞는 경우에 증상이 나타납니다. 넷째는 상황형(Situation type)입니다. 공중 교통수단이나 터널, 다리, 엘리베이터 등 주로 폐쇄된 공간을 두려워하는 경우입니다.

터널 이외에 비행기, 엘리베이터, 지하철, 버스, 백화점, MRI·CT 촬영기 등 폐쇄된 공간에서도 발생할 수 있습니다. 이때 뇌에서 두려움을 담당하는 부위인 '편도체(amygdala)'가 위협적이지 않은 상황에서 과도하게 활성화되고, 교감신경계가 흥분돼 공포 증상이 발생하게 됩니다.

너무 당연한 이야기겠지만, 운전공포증이 있는 예민한 사람들은 가능한 한 운전을 하지 않는 것이 좋습니다. 자신이 없다면 대중교통을 이용하는 것이 낫죠. 운전을 꼭 해야 한다면 몸 컨디션이 좋은 날에 하되, 교감신경계를 활성화하는 커피나 카페인이 들어간 음료는 운전 시에 마시지 않는 것이 좋습니다. 차의 실내 온도도 너무 높지 않게 조절하고, 호흡이 곤란해지면 창문을 열어서 외부 공기가 들어오게 하면 도움이 됩니다. 여행지에서 마음이 급하더라도 중앙차선은 피하는 게 낫습니다. 중앙차선에선 속도를 빨리 내야 하니까요. 바깥쪽 차선으로 운전을 하는 것이 도움이 될 것입니다. 운전 중에는 스마트폰을 무음으로 하고, 메신저 알림음이나 벨소리에 깜짝 놀라는 일이 없도록 합니다. 늘 시간을 넉넉하게 고려하여 출발해서 관광지에 늦게 도착할까봐 마음 졸이는 상황을 피하는 것도 필요하겠습니다.

사람 많은 관광지에서

여행지에는 보통 사람이 많이 모입니다. 예민한 사람은 이런 곳에 가면 어지럽고 숨이 잘 쉬어지지 않는 느낌을 받을 수도 있습니다. 일종의 '광장공포증'이죠. 광장공포증은 넓은 개방지나 공공장소에서 일어나는데, 특히 빨리 벗어날 수 없는 상황에 도움 없이 혼자 있게 되는 것에 대한 공포를 주 증상으로 합니다. 여행지뿐 아니라 지하철, 문이 앞에만 있는 고속버스, 기차, 엘리베이터, 대형마트 등에서도 느낄 수 있습니다. 매우 예민한 사람들은 여행지에서 많은 사람이 줄을 서거나 몰려 있는 장면만 봐도 마치 빈혈이 온 것 같은 어지러움을 호소하기도 합니다. 뇌졸중이나 다른 병이 아닌지 걱정에 걱정이 더해지면 증상은 더욱 악화됩니다.

이럴 때 지레 겁을 먹지 말고 자기 증상을 차분히 살펴보는 게 필요합니다. 갑작스러운 어지럼증은 먼저 귀의 이상을 의심해볼 수 있습니다. 귀의 이상으로 오는 대표적 질환은 이석증과 전정신경염인데,

이 경우에는 머리를 돌리면 더 심해지고 하늘을 보면 천장이 팽이처럼 도는 현상을 느낄 수 있어 감별이 가능합니다. 만약 뇌졸중이나 뇌출혈로 인한 어지럼증이면 팔다리의 반쪽 마비가 오고 그 당시가 기억이 나지 않습니다. 당연히 이때는 병원에 꼭 방문해서 확인을 해야 후유증을 막을 수 있습니다.

이들과 달리, 광장공포증으로 인한 어지럼증은 천장이 도는 느낌은 없는데 숨이 잘 쉬어지지 않고 심장이 두근거리는 느낌이 듭니다. 팔다리가 마비되는 느낌은 있지만 몸의 반쪽이 마비되지는 않습니다. 만일 광장공포증이 온 거라면 자리에 앉아 눈을 감고 호흡을 천천히 해보길 권합니다. 눈앞에 사람이 많으면 광장공포증이 더 심해지니까요. 눈을 감으면 안정에 도움이 됩니다. 다리에 힘이 빠져 넘어질 수도 있으므로 앉는 것이 좋습니다. 불안이 심해지면서 호흡이 빨라지면 우리 몸의 변화로 인해 어지러움이나 호흡 곤란이 심해지니, 가능한 한 호흡을 천천히 하고 복식호흡을 하는 것이 필요합니다.

무사히 집에 돌아왔다면

가끔 불면증으로 고생하는 환자들에게 잠자리에서 눈을 감고 예전에 여행 갔던 기억을 떠올려보라고 합니다. 보통 불면증 환자들은 잠자리에서 어제 있었던 일, 내일 해야 할 일들을 생각하는데, 이러면 몸이 긴장되고 각성되어 잠을 이루기 힘듭니다. 반면에 여행 가서 본 아름다운 풍경들을 떠올리다 보면 마음이 편해지면서 자신도 모르게 잠이 들게 됩니다. 여행에서 얻은 기억이 평안함을 주는 셈입니다.

비록 다른 사람들보다 신경 써야 할 일이 많음에도 예민한 사람들에게 여행이 필요한 이유 중 하나가 여기 있습니다. 예민한 사람들은 다른 사람들보다 더 많은 것을 보고 듣습니다. 여행할 때 더 많은 것을 느끼고 생각할 수 있다는 점은 좋지만, 평소와 다른 환경 때문에 불안해하고 여행지에서 잠을 잘 이루지 못한다는 것은 참 곤란한 점이죠. 그러나 미리 자신의 성향을 파악하고 대처할 준비를 하면 곤란을 얼마든지 줄일 수 있습니다. 덜 예민한 사람들처럼 예민한 사람들에게도, 여행이 일상의 마음을 달래주는 좋은 기억으로 남게 되길 바랍니다.

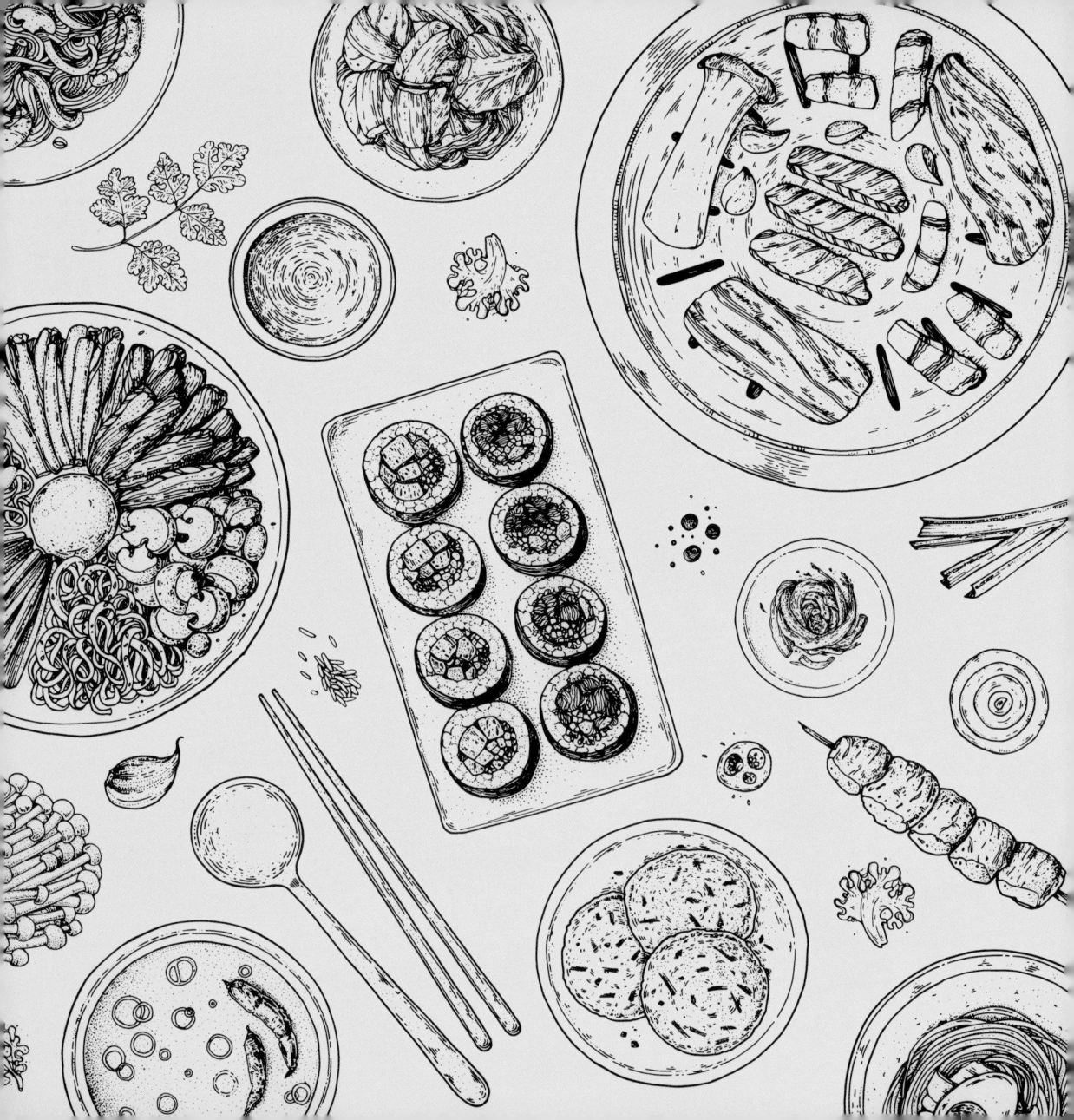

여행의 우연한 맛
정연주(푸드 에디터)

사람 마음이 참 간사하지. 항상 출근하던 길인데 놀러간다고 생각하니 이렇게 발걸음이 가벼울 수가 있나. 회기역에서 환승하며 1호선을 기다리던 순간의 솔직한 감상이었다.
    원래 나는 머릿속에서만 여행 중인 지독한 '집순이'다. 평소라면 집에서 여행을 준비 중이거나, 여행 중이거나, 집에서 여행의 맛을 재현하는 중이다. 아마 앞으로도 계속 집 아니면 여행을 반복하며 살게 되겠지, 그러던 차에 역사서에서나 보던 규모의 역병을 접했다. 하늘길이 막히고 팬데믹이 열렸다.
    몇 번의 코로나 검사와 더불어 1년이 지나가는 사이 동생이 저 어릴 적과 똑같은 조카를 낳았지만 만날 수 없었고, 어머니의 환갑은 겨우 환불에 성공한 가족 여행 취소와 함께 조용히 지나갔다. 불만을 가지기에는 모두가 안전한 것이 제일이었으니까.
    하지만 내 집순이 레벨은 아마 1년짜리였던 모양이다. 퇴근 없는 재택 프리랜서로 여행 없이 1년을 보내고 나니 '이것이 쳇바퀴?' '나는 다람쥐?' '내 속에서는 더 이상 꺼낼 수 있는 말이 없어!' 대략 이런 상태가 되었다. 그래서 프리랜서로 전업한 지 만 7년 만에 최초로 공식 연차를 선언하고 목적 없는 외출을 감행한 것이다. 그냥 어디서든 뭐든 하고 싶었다. 집 아닌 곳에서, 일 아닌 행동을.

쉬는 법을 잘 몰라 7년 만에 스스로에게 유급 휴가를 준 푸드 에디터는 무엇을 했는가. 왠지 대학 생활을 보내며 이따금 어머니 부탁으로 연등을 달러 갔던 길상사를 찾아갈까 싶었다. 서울 성북동 중턱에 자리한 길상사는 아담한 쉼터와 사시사철 피어나는 꽃이 어우러진 아기자기한 절이다. 예전 대원각 건물이 거의 남아 있고, 백석 시인의 안타까운 연정 이야기가 얽혀 있어 뭐랄까, 속세의 미련 가득한 고민거리를 품어줄 듯한 분위기가 있다.

마을버스를 타면 절 앞까지 갈 수 있지만 빠르게 도착하는 것이 목적인 날이 아니었으므로 한성대입구역에 내려 양쪽 배낭끈에 엄지를 척 걸고 터벅터벅 걷기 시작했다. 아네모네와 수선화 화분을 내어놓은 꽃가게 거리를 지나 각국 대사관 건물이 이어지는 오르막을 걸어가면 때맞춰 불경 소리가 들려온다.

가만히 발밑의 자갈 소리와 법당의 불경 소리에 번갈아 귀를 기울이며 자박자박 작은 발걸음으로 길상사를 한 바퀴 돌았다. 돌 의자에 걸터앉아 주로 절에서만 잠깐 하게 되는 '나는 왜 이렇게 살고 있는가'에 대한 고찰을 하다, 느티나무를 감싼 연등이 냇가 수면에 반사되니 마치 알사탕처럼 보인다고 철없는 속세인다운 감상으로 생각을 마무리하고 다시 길을 나섰다.

다시 성북동 골목길을 걸어 내려오는 길. 남은 일정은 하나도 정해놓지 않은 탓에 머릿속이 복잡했다. 택시를 타고 비빔국수를 먹으러 갈까? 그러다 눈앞에 느닷없이 베이커리가 나타났다. 올라올 때는 보이지 않는 각도라 정말 느닷없다는 기분이었다. 할 일도 없는데 들어가보지 않을 수 없지.

생각지 못한 순간에 조우한 빵가게를 둘러보니 의외로 식사 빵과 프랑스 정통 베이커리 메뉴가 충실했다. 폭신해 보이는 치아바타는 내일 샌드위치용으로 하나 사고, 프랑지판이 촉촉해 보이는 살구 타르트도 하나 담고. 그러다 계산대 옆 바구니에 가득 담긴 소금이 솔솔 뿌려진 '시오빵'을 발견했다. 아, 이곳이 바로 SNS에서 순식간에 팔려나가는 시오빵으로 평이 좋던 그 빵가게구나!

시오(しお)는 일본어로 소금이라는 뜻으로, 시오빵은 소금과 버터의 풍미가 두드러지는 폭신폭신한 롤빵이다. 오스트리아의 잘츠슈탄겐(salzstangen)이 원조라는 말도 있고, 그건 사실 소금을 뿌린 딱딱한 프레츨이고 일본이 원조라는 말도 있다. 실제로 원조라는 에히메현의 '팡 메종'에서는 여름에 빵이 잘 팔리지 않아서 염분을 보급하는 소금을 넣은 메뉴로 생각해낸 것이라고 한다. 성북동에서 우연히 조우한 시오빵은 속살은 버터가 녹아들어 고소하고 촉촉하며 크러스트는 바삭바삭한 가운데 윗면에 뿌린 소금이 아작아작 씹히며 맛에 악센트를 가미했다.

도쿄 유라쿠초역 맛집에서 샀던 시오빵도 의외로 향기로운 버터와 그에 지져진 바닥의 노릇노릇함이 특히 매력적이었는데. 어딘가 유럽에 있을 것 같은 메뉴이기는 하지. 역시 오스트리아에 가서 소금 롤빵을 파는지 뒤져봐야 하는 것이 아닐까? 아, 체코에서 먹었던 감자빵이 정말 부드럽고 촉촉해서 맛있었지. 지난해부터 제빵을 시작하며 만든 감자 디너롤에 소금과 버터를 넣으면 시오빵이 될까? 팬데믹에 온 세상이 홈베이킹을 하기 시작했다는데, 그 원인은 뭐라고 분석할 수 있을까?

집에 돌아와 시오빵을 입에 넣자 성북동에서 시작된 생각이 유라쿠초에서 오스트리아, 파리와 대(大)코로나 시대까지 뻗어나가기 시작했다. 머리가 완전히 굳은 줄 알았더니, 빵이 먹고 싶었던 모양이지? 그리고 깨달았다. 나에게는 연차가 아니라 여행, 그리고 여행길에서 만난 맛이 필요했던 것이다.

맛은 나로 하여금 멈춰 있던 생각을 삐걱삐걱 굴리며 세상을 바라볼 수 있게 만드는 계기를 선사하는 요소다. 홍차에 적신 마들렌 한 입을 먹고 잊고 있던 아름다운 일대기 《잃어버린 시간을 찾아서》를 써낸 마르셀 프루스트를 생각해보자. 완독하기는 쉽지 않으나 섬세한 문장이 가득한 이 소설은 항상 같은 생각을 떠올리게 한다.

맛이 열어젖히는 기억에는 단순히 요리 한 그릇과 식탁을 넘어 함께한 사람에 대한 감정, 식당의 공기와 흘러나오던 음악, 당시 그곳에 그 시간에 있게 되었던 이유와 인생이 그리 흘러가게 만들었던 삶의 궤적이 모두 담겨 있다. 적재적소에서 그 맛을 다시 접하면 잊은 줄 알았던 장소와 시간, 때로는 겪어본 적도 없는 타인의 사정까지 기억나고 이해하게 된다. 사람들이 굳이 헤밍웨이가 다이키리를 마셨던 엘플로리디타(El Floridita)를 찾아가고 짜장라면에 채끝살을 곁들이는 영화 속 메뉴를 재현하는 이유다.

흔히 '아는 게 많으면 먹고 싶은 것도 많다'고 하던가. 여행은 내 주변에 없는 맛과 있지만 몰랐던 맛을 찾아내 세상을 넓히기 위한 과정이다. 같은 음식을 먹은 누군가를 그리워하고 낯선 음식을 먹고 사는 누군가를 이해하게 되는 여정이다. 돌아온 일상을 조금 더 맛있게 만들어주는 시간이다.

방구석 맛 기행 — 풍경이 담긴 맛들

섬진강 맑은 물이 키운 고소함
남원 추어탕

맑고 잔잔하기로 손꼽히는 섬진강이 굽이굽이 골짜기를 접으며 흐르다, 지리산 자락의 넓은 분지를 만나 잠시 머무는 곳. 남원이다. 민물고기가 살기 더 없이 좋은 이 천혜의 환경에서 남원이 자랑하는 싱싱한 미꾸라지가 자란다. 남원식 추어탕은 미꾸라지를 통째로 끓이는 서울식과 달리 삶은 미꾸라지를 곱게 갈아 체에 거르고 된장과 들깻가루, 무청 시래기를 넣어 걸쭉하게 끓여내는 것이 특징. 덕분에 부드러운 식감과 고소한 맛이 한층 살아 있다.

남원에서 공수한 미꾸라지와 국내산 무청 시래기의 조화

작성 편집부 자문·협찬 이마트

방구석 맛 기행 — 풍경이 담긴 맛들

바쁜 걸음을 멈춰 세운 감칠맛
나주 곰탕

나주는 우리나라 최초로 오일장이 선 곳이다. 드넓은 곡창지대를 곁에 두고 있어 각종 농축산물이 풍부하게 오고 간 덕분. 장날이면 전국 각지에서 온 사람들로 들썩였는데, 밥에 고기 국물을 토렴해 함께 말아서 내는 장국밥이 특히 인기를 끌었다고 한다. 맛과 영양을 두루 보장하는 데다 빠르게 즐길 수 있어서다. '나주 곰탕'은 이 장국밥에서 유래한다. 사골 등을 고아 육수를 내는 설렁탕과 달리 양지와 사태 등으로 국물을 내어 색깔이 뽀얗지 않고 맑다.

한우 고기 국물에
감칠맛 나는
채소 육수가 더해진
깊고 진한 맛

― 방구석 맛기행 ― 풍경이 담긴 맛들

노포의 시간과 함께해온 매콤함
대전 두부두루치기

두루치기는 찌개와 볶음의 중간에 해당하는 음식이다. 보통 소고기나 돼지고기, 조갯살이나 낙지 등을 잘게 썰어 넣고 여러 채소와 함께 볶다가 물을 부어 바특하게 끓인다. 대전식 두부두루치기는 조금 독특한 점이 있다. 고기 대신 두부를 주재료로 쓴다는 것. 여기에 고춧가루를 듬뿍 넣어 꽤 매운 편인데, 밥반찬으로도 먹지만 술안주로도 즐긴다. 지금도 유명 노포에 가면 칼칼한 공기 속에서 두부두루치기를 맛보는 오랜 단골들을 볼 수 있다. 다 먹고 나서는 기호에 따라 면 사리를 비벼 먹는 것도 특색.

두부 한 모와 대파를
푸짐하게 넣고,
돼지고기와 양파 등을 더해
대중적 맛을 가미

방구석 맛기행 — 풍경이 담긴 맛들

구름 쉬는 곳에 피어난 향긋함
정선 곤드레나물밥

험준한 산세에 둘러싸인 곳에 자리한 정선. 논이 극히 적어 예로부터 먹거리가 풍족치 않았고, 산에서 캔 나물이 주린 이들의 배를 채워주었다. 곤드레나물은 그중 가장 귀한 구황작물이었다. 보통 산나물이 맵거나 톡 쏘는 향 탓에 다식하면 탈이 나는 반면, 곤드레나물은 부드러운 식감에 탈도 나지 않아 주식처럼 애용됐다. 정선에서는 곤드레나물밥을 보리나 밀 등이 들어가 소금기가 덜하고 단맛이 나는 막장과 비벼 먹는데, 들기름이 들어간 간장소스를 곁들이면 나물밥의 향긋함을 더욱 잘 느낄 수 있다.

정선에서 자란 생곤드레나물을
들기름에 볶아 담아낸
향긋한 나물밥

― 방구석 맛기행 ― 풍경이 담긴 맛들

장이 익어가는 고장의 구수함
원주 장칼국수

다른 지역과 달리 강원도에선 칼국수에 고추장과 된장 등을 풀어 국물을 낸다. 기본적으로 장류가 발달했을 뿐 아니라, 산촌 지역이어서 멸치나 다시마, 소금 같은 재료를 구하기 쉽지 않기 때문. 강원도 장칼국수는 그래서 일반 칼국수보다 국물이 걸쭉하다. 투박하고 야들야들한 면, 걸쭉하고 칼칼한 국물이 어우러져 구수하고 정겨운 느낌을 자아낸다. 고명으로 김 가루와 참깨 등을 얹거나 계란을 풀면 구수한 맛을 한층 더 즐길 수 있다.

대표 칼국수 노포를 벤치마킹, 맛과 식감을 구현하기 위해 생면을 사용하고 계란을 첨가

방구석 맛 기행 — 풍경이 담긴 맛들

동해를 머금은 부드러운 맛
강릉 초당순두부

콩물을 굳혀 두부를 만들려면 응고제가 필요하다. 보통 염전에서 나온 간수, 황산칼슘이나 염화마그네슘 같은 무기물을 고농축한 물이 쓰인다. 반면 강릉 초당마을에서는 천연 해수를 쓴다. 콩물을 두부로 굳힐 수 있을 만큼 동해 바닷물에 칼슘과 마그네슘이 넉넉하기 때문. 그 덕에 초당순두부는 다른 두부보다 한층 더 부드러운 식감, 고소한 맛을 자랑한다. 콩의 고소한 향과 청정의 바다 향을 두루 즐길 수 있다.

짬뽕순두부 원조 노포를 벤치마킹,
본류에 가까운 맛을 내기 위해
초당순두부 사용

— 방구석 맛기행 — 풍경이 담긴 맛들

맛의 고장이 자랑하는 시원함
전주 콩나물국밥

전주에서는 예로부터 음식문화가 크게 발달했다. 주변에 평야와 산이 고루 분포하고 있고 바다와도 그리 멀지 않아 식재료 조달도 용이하다. 이 '맛의 고장'이 자랑하는 음식 중 하나가 콩나물국밥. 맑은 물에서 키워낸 콩나물의 아삭함, 밥알의 탱글한 저작감과 오징어의 쫄깃함, 채소 향이 살아 있는 국물의 청량감이 조화를 이뤄 특유의 시원하고 개운한 맛을 자랑한다. 날계란을 풀어먹는 방식, 수란과 함께 즐기는 방식이 있다.

멸치 육수에 콩나물과 오징어를 넣고 칼칼하고 시원하게 끓인 국물

방구석 맛기행 — 풍경이 담긴 맛들

본고장 육개장의 달큰함
대구 파육개장

'육개장' 하면 지금은 '따로국밥' 방식이 일반적이지만 예전에는 육수에 밥을 토렴해 함께 말아 내는 방식이 더 일반적이었다. 장터에서 빠르게 먹기 편하기 때문. 그러던 것이 한국전쟁 당시 대구에 전국 각지의 피란민들이 모여 들고, 토렴 방식의 상차림을 싫어하는 사람들이 '밥 따로, 국 따로' 주문하면서 따로국밥 방식이 자리를 잡았다. 대구 파육개장은 고기 육수에 대파와 무, 고춧가루와 다진 마늘 등이 듬뿍 들어가 얼큰하되 개운한 뒷맛을 자랑한다.

푸짐하게 넣은 파와 무의 달큰하며 시원한 맛,
사골 육수와 소고기의 담백한 맛의 조화

그때 그곳의 맛 :
여행이 추억되는 방식

QUESTION 17
문화

때로 여행은 맛으로 추억된다. 그때 그곳 그 누군가와 함께 맛본 음식이 그 어떤 풍경보다 오래 기억에 남아 있을 때도 많다. 여행 이야기에 음식 이야기가 빠지지 않는 이유다. '있지만 몰랐던 맛을 찾아내 세상을 넓히는 과정'이 곧 여행이라는 푸드 에디터의 경험담을 들어보고, 지난 여행의 추억을 우리 집 주방에서 생생히 되살려줄 '지역의 맛'을 만나본다.

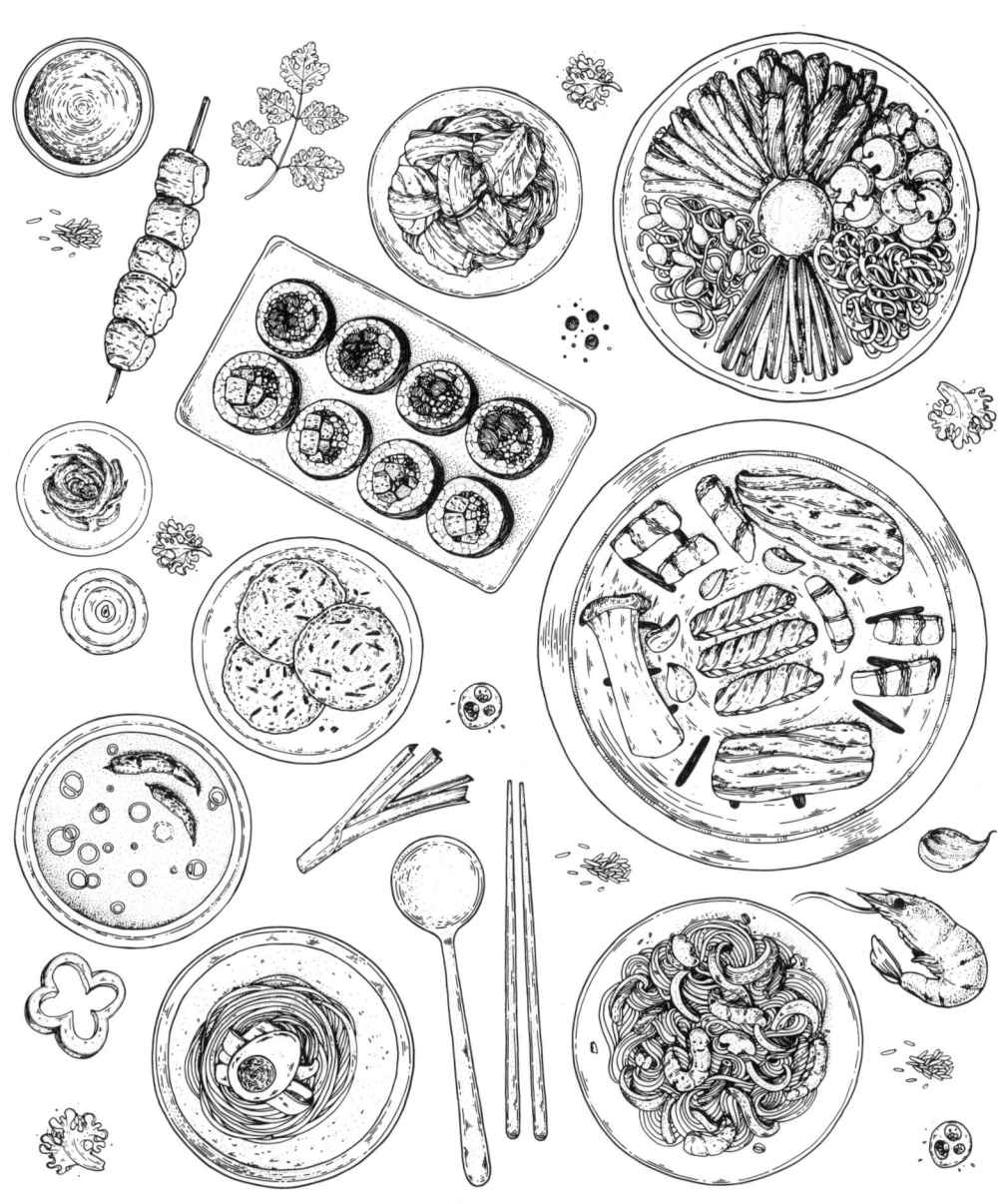

INNSIDE ⑤

Illustration by hosugi_93

SECTION 5 / INNER SIDE
· 이번 생 나의 여행   영성·철학   한자경(철학자)
· 폐사지로 떠나는 시간 여행   칼럼   윤광준(작가)
· 여행은 황혼을 모른다   회상기   임준수(언론인)

QUESTION 18
영성·철학

이번 생 나의 여행
My philosophical
journey

한자경   철학자

우리가 여행을 다니는 이유는 무엇일까? 인생이 가장 긴 여행, 안드로메다은하 중 어느 한 별에서 이 지구별로 여행을 온 것이라면, 이 여행의 목적은 무엇일까? 맨몸으로 도착하여 주변을 어슬렁거리다가 어느 날인가부터 눈 덮인 킬리만자로의 표범처럼 더 높은 곳까지 오르려 애쓰는 우리, 과연 무엇을 찾고 있는 것일까? 우리는 왜 여행을 왔고, 이 여행을 통해 결국 어디로 나아가고자 하는 것일까?

  도로에는 언제나 차들이 가득하다. 모두 여기에서 저기로 또는 저기에서 여기로 이동하고 있다. 그런데 만약 누군가 자신이 탄 버스가 어디로 가는지, 자신이 왜 그 버스를 탔는지도 알지 못한 채 계속 그 버스에 앉아 있다면, 우리는 그 사람을 정신 나간 사람이라고 여길 것이다. 단 하루를 그러고 돌아다녀도 정신없는 짓일 텐데, 평생을 그러고 산다면 그 사람을 과연 제정신이라고 할 수 있을까. 그런데도 우리는 이런 식의 여행을 계속하고 있다.

  물론 사람들이 모두 동일한 방식으로 여행을 하지는 않을 것이다. 누군가는 여행에 앞서 노선을 미리 정해놓고 계획대로 다닐 것이고, 누군가는 그때마다의 기분과 여건에 따라 즉흥적으로 발 닿는 곳으로 가기도 할 것이다. 누군가는 '아는 만큼 보인다'고 생각하며 여행 가려는 곳의 문화와 역사를 미리 공부하여 머릿속에 담고 갈 것이고, 누군가는 생생한 체험을 위해 특별한 준비 없이 그냥 빈 마음으로 길을 떠나기도 할 것이다. 어떻게 여행하는 것이 더 바람직한 태도일까? 어떤 여행이 더 아름답고 의미 있는 여행일까? 나는 지금 어떤 여행을 하고 있는 중인가?

  철들 무렵 어느 시점부터인가 나는 여기 이 지구에 왜 오게 되었는지도 알지 못한 채, 도대체 왜 살아야 하는지, 무엇을 위해 살아야 하는지도 알지 못한 채, 그냥 계속 살아야 한다는 것이 견디기 힘들게 막막한 상황으로 느껴졌다. 나는 왜 여기에 있는 것일까? 왜 사는 것일까? 무엇을 이루고자 하는 것일까? 이 물음에 먼저 대답해야만 이 세상의 삶을 나의 삶으로 제대로 살 수 있을 것 같았다. 나는 여행을 하기 전에 여행의 목적과 과정이 머릿속에 분명해야 그 여행이 의미 있다고 생각하는, 그런 유형의 인간이었던 것 같다.

결국 내 인생 여행의 목적과 의미를 파악하고자 나는 대학생이 되면서 철학과를 선택했고, 이로써 나의 여행지는 지구 위의 산과 바다, 마을과 정원, 고성과 유적지가 아니라 사람들이 걸었던 사유의 길, 그 길이 길로 이어져 끝없이 펼쳐지는 사유세계, 정신세계가 되었다.

사유세계는 현실세계와 달리 무수한 과거와 무수한 현재가 공존하면서 다차원적으로 펼쳐지는 멀티유니버스와도 같다. 거기에서는 동과 서, 고(古)와 금(今)의 수많은 사상가가 서로 소통하기도 하고 대립하기도 한다. 여기저기에 무수한 의견과 학파가 난무하고, 과다한 칭송과 숭배가 넘쳐나기도 하고, 또 치열한 비판과 논쟁이 살벌하게 펼쳐지기도 하는 그런 복잡다단한 세계다. 풀어야 할 문제를 가슴에 품고 한번 발을 들이면, 그 물음이 운명이 되어 다시는 쉽게 풀려날 수 없는 세계, 치명적 유혹의 세계, 그런 철학의 세계다. 나는 그 철학의 세계로 빠져들어간 것이다.

한국에서 철학을 공부하다가 독일로 유학 가서 서양철학을 공부하고, 다시 한국으로 돌아와서 서양철학을 가르치면서 따로 유식불교를 공부하여 현재 서양철학과 불교철학을 함께 가르치게 되기까지, 발로는 한국에서 유럽으로, 동양에서 서양으로, 다시 서양에서 동양으로 되돌아왔지만, 그 과정은 모두 철들면서 던졌던 첫 물음, 도대체 왜 사는가, 인간이란 무엇인가, 나는 누구인가 등의 답을 찾아가는 사유세계 속 방랑이었을 뿐이다. 그렇게 나를 찾아가는 사유세계 속 여행이 시작되었고 나는 아직도 그 도상에 있다.

목적 있는 철학 여행

그런데 사유세계 속을 돌아다니면서 나는 계속 왜 처음부터 내가 동양인이고 한국인임을 뼛속 깊이 새겨놓았던 것인지를 의아해했다. 학부 때부터 서양철학을 공부하며 헤겔을 읽고 후설을 읽어도 그것을 그들 역사 속 그들의 사상이라고 여겼고, 동양의 유학사상이나 불교철학이 우리 선조로부터 이어지는 우리 역사 속 우리의 사상이라는 그런 분별심을 떨쳐버릴 수가 없었다. 종종 스스로 되묻곤 했다. 사유세계 안에도 국토가 따로 있고, 국적이 따로 있을까? 그런

Photo by Christina Deravedisian on unsplash

분별은 혹 보편적 사유에 이르지 못한 나의 한계인 것은 아닐까?
"우리는 민족중흥의 역사적 사명을 띠고 이 땅에 태어났다"로
시작하는 〈국민교육헌장〉의 민족주의에 세뇌된 우리 세대의 시대적
한계일까? 1970~1980년대 데모에 적극 참여하지 않고 사유세계
속에 더 오래 머무르면서 떠안게 된 부채의식 때문일까?

그러면서 나는 그것이 시대적 한계이든 개인적 한계이든 그것
또한 나의 운명으로 받아들이기로 마음먹었다. 당시에 '서양철학사',
'중국철학사', '인도철학사'는 읽을 수 있는 책이 있었지만, 정작
'한국철학사' 책은 찾을 수 없었다. 나는 한국인이니 한국철학을
공부하고《한국철학사》를 쓰리라! 그것이 내가 설정한 나의 사유세계
속 여행의 목표였다. 물론 여행의 최종 목적은 인간이란 무엇인가,
나는 누구인가의 답을 찾는 것이지만, 그 답을 찾기 위해 내가 주로
방문할 사유세계 속 여행지를 동양 그리고 한국으로 하자는 생각이
들었던 것이다.

한때 문득 이런 걱정이 들기도 했다. 동양철학이나
한국철학 안에 그 답이 없으면 어떻게 해야 하나? 내가 묻는
물음이 서양철학에서 더 잘 다뤄지고 그 안에서 답을 찾을 수 있는
확률이 훨씬 더 큰 것이라면, 내가 왜 굳이 동양철학에 관심을 갖고
한국철학을 공부해야 한단 말인가? 그러나 학부에서 불교철학을
접하면서, 유식불교 서적을 읽으면서, 나는 그 걱정으로부터
자유로워졌다. 유식불교를 마주했을 때의 환희는 아직도 생생하다.
인간과 세계에 대한 유식불교의 심오한 통찰과 그 끝없는 깊이에
놀라면서, 나는 내 물음의 답을 결국 그 안에서 발견할 수 있으리라는
것을 직감했다. 방황하던 사유세계 속에서 멀리 빛나는 북극성을
발견한 느낌이랄까. 표류하던 배가 닻을 내리는 기분이랄까. 사유의
바다 위에서 아무리 이리저리 부유한다고 해도 결국 나의 닻은
그곳에 내려지리라는 것을 예감할 수 있었다. 게다가 그것이 바로
우리 한국에서 삼국시대부터 수용되었고, 원효나 의상이 이미 잘
알고 있었던 사상이며, 우리 역사 속에 면면이 이어지는 사상이라는
사실은 내게 더할 나위 없는 기쁨과 위안을 주었고 꾸준히 공부할 수
있는 힘을 보태주었다.

SECTION 5

물음은 고달픈 것이었지만, 그 후 그 물음을 안고 답을
찾아가는 여정은 내겐 그다지 힘들지 않고 괴롭지 않은 길이었다.
그냥 묵묵히 걸어가면 되는 길이었다. 그런데 그 최종 목적지까지
어떤 방식으로 나아가야 할까? 그에 대한 전략이 필요했다.
현실세계든 사유세계든 전 세계가 서구화되어가는 마당에
서양사상을 모를 수는 없다고 판단하여, 일단 전 세계를 서구화하는
데 원동력이 된 서양 근현대철학을 먼저 공부하기로 마음먹었다.
그래서 대학원에서 현상학 전공으로 석사를 마친 후 곧 독일로
유학을 떠났다. 물론 그곳은 내게 목적지가 아니고 경유지였다.
처음부터 나는 그곳에 오래 머무르고 싶지 않았다. 나는 돌아가야
할 곳이 있으니까. 서양인의 인간관과 세계관을 어느 정도 파악하면
다시 고향으로 돌아가 동양철학, 한국철학을 공부하리라고 마음먹고
떠난 길이었다.

그렇게 수년을 독일에서 보내면서 서양철학자들의 다양한
사유세계 속을 열심히 돌아다녔다. 철학에서는 주로 근현대의
철학자, 예컨대 데카르트, 라이프니츠, 칸트, 후설, 하이데거 등을
공부하였으며, 독일 대학에서 요구하는 두 개의 복수전공 중 하나인
신학에서는 중세철학자인 아우구스티누스, 보에티우스, 에카르트
등을 공부하였고, 또 다른 하나인 사회학에서는 근현대 사회철학자인
홉스, 루소, 하버마스, 아도르노 등을 공부할 수 있었다. 또 대학
철학과에서 요구하는 희랍어시험을 위해 플라톤 원전을 읽어야 했고,
라틴어시험을 위해서는 키케로 원전을 읽어야 했다. 공부할 것들은
많았지만, 내가 관심을 갖고 들여다보는 것은 늘 그들이 인간을 어떤
존재로 이해하는가였다. 나는 머릿속에 언제나 하나의 물음을 갖고서
늘 보고자 하는 것만 바라보는 편향적 여행자였을 수 있다.

칸트로 학위를 받자 나는 독일 생활을 접고 곧바로 한국으로
돌아왔다. 한편으로는 서양철학을 연구하고 학생들을 가르치면서,
또 다른 한편으로는 나의 여행을 계속하기 위해 타 대학교 대학원
불교학과에 들어가 정식으로 유식불교를 공부하기 시작했다. 불교
경전과 논전을 통해 유식을 배우면서 나는 지난날 내가 가졌던
불교에 대한 기대와 예감이 틀리지 않았음을 확인하면서, 그렇게

수년간 불교 사유세계로의 즐겁고 행복한 여행을 계속했다. 그러나 내가 설정한 나의 인생 목표인 《한국철학사》를 쓰려면 불교에만 머물러 있어서는 안 되었다. 조선 시대 이후 한국의 사유세계는 유학으로 채워져 있으니 말이다. 유식불교로 학위를 받고 나서는 다시 유학 방면의 책을 읽으면서 나의 사유세계 속 여행지를 넓혀나갔다. 그러면서 주희의 성리학도 공부하고, 이황과 이이, 이익과 신후담, 정약용의 사유세계도 찾아가보고 최제우, 최시형의 동학세계도 방문해보았다. 성리학이 불교 형이상학의 영향을 받은 탓일까, 나는 그들의 사유 속에서도 유식불교의 핵심 사상을 발견할 수 있었고, 그럴 때마다 내가 세운 내 여행의 목적지가 잘못되지 않았다는 안도감을 느낄 수 있었다. 내 사유의 종착지, 나는 아직도 유식불교를 공부하고 있다. 내가 바라본 그 빛나는 북극성을 향해 길을 가고 있는 중이다. 나의 여행은 아직 끝나지 않았다.

목적 없는 자유 여행

환갑이 다가오던 어느 해 서울을 벗어난 시골에 우연히 집을 하나 구했다. 주말이면 전원에 머물곤 한다. 그러면서 사유 너머 자연과 좀 더 친근해진 탓일까. 이제 환갑도 지나고 퇴임도 다가오기 때문일까. 나는 문득 내 삶의 여행이 과연 바른 방식이었는지 되묻게 되었다. 삶이 여행의 과정이라면, 그냥 살아가는 것, 그냥 발 닿는 대로 돌아다니는 것이 더 나은 삶의 방식은 아니었을까. 나는 왜 굳이 여행의 목적이 분명해야 여행이 의미 있는 것이라고 생각하면서, 그 목적 달성을 위해 현실세계가 아닌 사유세계로의 여행을 선택한 것일까? 살아보기 전에 미리 목적지를 정하는 것은 결국 삶을 편협한 외길로 가두는 것은 아닐까? 사유세계에서 동서양을 오간다 한들, 현실에서 나는 아직 한 걸음도 떼지 않은 것은 아닐까? 나는 아직도 출발 지점에서 머뭇거리고 있는 것은 아닐까? 이번 생을 나는 과연 제대로 산 것일까?

종종 이곳에서의 우리 삶, 각자의 인생 여행이 갖는 의미가 무엇일까를 생각해보곤 한다. 플라톤은 '에르의 신화'를 들어 인간은 이 생을 시작하기 전 자신의 생각 혹은 습관대로 삶의 방식을 스스로 선택하였고, 다만 이 생으로 오는 길에 망각이란 이름의 '레테의 강'을 건너오면서 자신의 선택을 잊어버렸을 뿐이라고 말한다. 그것은 어쩌면 불교에서 말하는 대로 지난 생에 축적된 업력(業力)이 현생의 삶을 이끈다는 뜻일 수도 있을 것이다. 그렇지만 나는 우리 중생의 삶을 업력의 결과로 보기보다는 원력(願力)의 실현으로 보는 것을 더 좋아한다. 인생은 각자 자신의 목적지를 향해가는 여행길이되, 그 길은 자신에게 없는 것, 자신에게 부족한 것을 채워가는 길이고, 그래서 인생은 결국 자신의 소망대로 자신을 완성해가는 길인지도 모른다. 목적지에 이르러 부족함이 채워지면, 그곳이 여행의 종착점이 될 것 같다. 안드로메다은하의 한 별에서 온 나는 다시 그 별로 돌아가겠지만, 그래도 부족함이 남아 있다면 그 부족함을 채우기 위해 다시 또 그다음의 여행길에 오를 테고, 혹 더 이상의 부족함을 느끼지 않는다면 그때 비로소 이 지구로의 여행, 윤회를 멈추게 되지 않을까 생각한다.

    그렇다면 내가 이 생에서 사유세계의 여행을 계속하고 있는 것은 아직도 내게 부족한 것이 '생각'이기 때문일까? 그럼 다른 사람들은 인간이 무엇인지, 우리가 왜 생을 살아야 하고 그리고 어떻게 살아야 하는지를 이미 다 잘 알고 있는 것일까? 인생에 대한 확실한 답을 이미 알고 있어 그 방식대로 자신의 생을 사는 것일까? 또는 삶을 살아나감으로써 자신의 답을 발견하는 것일까?

    어쩌면 진정한 의미의 여행은 목적지를 미리 정해놓고, 볼 것을 예정하고 가는 여행이 아니라 어디로 가는지 모르는 채 발 닿는 대로 닥치는 대로 가다가 예상 밖의 새로운 경험을 하는 그런 여행일지도 모른다는 생각이 든다. 나는 아직도 내가 빠져들어간 사유세계를 벗어나지 못하고 그 안에서 나의 북극성을 향해 걸어가고 있지만, 다음 생은 미리 목적지를 정하지 않는 자유 여행을 한번 해보면 어떨까 하는 상상을 해본다.

SECTION 5

QUESTION 18

영성·철학   이번 생 나의 여행

함지경 (철학자)

과거로 떠나는 시간 여행
Back to the past
유광준(작가)

QUESTION 19
칼럼

역병대란이 이토록 오래 이어질지 몰랐다. 지난해엔 적어도 일상의 부분 회복은 가능하지 않을까란 기대로 한 해를 보냈다. 웬걸! 해가 바뀌어 반년이 지난 지금 회복은커녕 더 이상 확산하지 않기를 바랄 뿐이다. 마지막 기대인 백신 접종률이 높아져 집단면역을 갖출 때만 기다리고 있다. 봉쇄된 세계가 과연 예전처럼 열릴까 하는 예측조차 조심스럽다. 나 같은 낙천주의자가 이토록 시무룩한 시기를 보낼 줄 몰랐다.

사람 만나는 일이 꺼려지고 강연이 끊겨 수입도 대폭 줄었다. 살기 팍팍하다는 푸념은 엄살이 아니다. 하루 벌어 하루 먹고사는 일용직 근로자와 다를 게 없는 알량한 작가의 현재는 앞날을 걱정해야 할 만큼 심각하다. 어느 누군들 크게 다르랴. 한 번도 겪어보지 못한 일의 여파가 삶의 근간까지 흔들어버릴 줄이야. 덕분에 눈에 보이지도 않는 바이러스의 힘이 인간을 무력화할 수 있다는 놀라운 자각을 했다. 우리는 마지못해 희미해진 겸손이라는 덕목을 깨우치는 중이다.

사람 만날 일 없고 할 일이 없으니 늘어난 건 시간뿐이다. 처음엔 넘쳐나는 시간이 낯설지만 좋았다. 모처럼 책을 읽고 음악을 듣고 영화를 실컷 봐서 좋다는 사람도 있었다. 하고 싶었던 취미 생활에 몰두하는 즐거움을 회복했다는 이들도 만났다. 처음엔 당연히 좋았을 것이다. 멀쩡한 사람치고 지금까지 누구도 넘쳐나는 시간을 펑펑 써본 적 없을 테니까. 다만 이 같은 시간이 몇 달 동안 이어졌다면 조금 지루해졌을 게다. 기대가 현실로 바뀌면 언제나 싱겁다고 느끼는 게 사람이다. 그 기간이 해를 넘겨 년 단위로 늘어났다면 반복의 일상이 되어버린 '하고 싶은 일'이 지겨워진다. 가지지 못한 것을 매력적이고 강렬하다 여기는 건 시간 또한 예외가 아니다.

내가 그랬다. 피할 수 없는 일이니 즐기자는 생각으로 미뤄뒀던 책을 읽고 음악을 듣고 영화를 봤다. 이내 지루하고 답답하며 재미없는 일이 되었다. 고상해 보이는 일보다 세상과 직접 부딪히는 날것의 싱싱함이 삶의 활력을 키워주는 법이다. 나는 학자도 아니고 음악평론가나 영화평론가도 아니다. 무료한 시간을 쓰기 위해 마지못해 이어가는 반복을 나는 참지 못했다. 마음 내키면 훌쩍 떠나는 여행과 친구들의 수다와 허풍으로 채워지는 놀이가 더 좋다. 늘상 들여다보던 거울이 갑자기 선명해진 느낌이다.

시민으로서 합의된 사항은 지켜야 한다. 4인 이상 모이지 못하고 늦게까지 술 마실 수 없으며 여행도 자제해 달라는 내용이다. 모든 건 합법의 범위 안에서 일을 벌이는 게 좋다. 개인은 국가 권력을 넘을만한 힘이 없기 때문이다. 수긍할만한 조치를 성실히 지키며 돌아다니는 건 문제되지 않는다. 가급적 혼자 다니며 가보고 싶은 곳은 아침 일찍 찾아본다. 그곳이 어디라도 좋다. 방구석에 처박혀 괴로워하기보단 밀리는 차량으로 붐비는 길 위에서 더 즐거워질 수 있다는 자각이 중요할 뿐이다.

연초부터 많은 곳을 다녔다. 입이 근질거려 다닌 곳을 페이스북에 올리는 바람에 나의 동선은 백일하에 드러났다. 제주부터 부산, 마산, 고령, 경주, 상주, 안동, 옥천, 대전, 서산, 광주, 전주, 장성, 원주, 강릉, 양평, 강화, 파주, 연천…. 타고난 역마살 탓인지 범위가 전국을 망라한다. 평소에 가끔 들르던 곳에 가면 모든 게 신선하게 다가온다. 갈 수 없는 곳이 되기 전 제대로 보자는 생각 때문일 것이다. 평소 흘려버렸던 고장의 내력을 꼼꼼히 살폈고 놓쳤을지 모르는 볼거리와 맛보지 못한 먹거리를 섭렵했다. 지역의 소중함을 새삼 실감했다. 새로운 발견이란 장소가 아니라 생각을 바꾸는 데서 오는 게 맞다.

전국에 흩어진 폐사지(옛 절터)를 찾아보기로 했다. 우리 역사의 단면을 복원시켜줄 좋은 재료. 현재의 우리를 파악하기 위해 과거의 역사가 중요하다는 건 말하나 마나. 그것이 빅히스토리의 관점이라면 비교의 객관성으로 채워진 현재가 선명해지는 효과가 있다. 유발 하라리의 저서 《사피엔스》를 보고 얻은 힌트이기도 하다. 근대와 조선에 머무른 관심의 기점을 천 년 정도 앞당겨보는 데도 폐사지가 적합했다.

지금까지 파악된 폐사지는 1,500여 곳으로 알려졌다. 신라와 고려 때까지 번성하던 대규모 절은 그야말로 전국을 덮을 만큼 많았을 것이다. 그 가운데 여주와 원주 부론면 일대에 남아 있는 흥법사지, 거돈사지, 법천사지가 눈에 띈다. 눈에 보이지 않아 믿지 못하는 고대 한국의 영화는 생각보다 윤택하고 화려했다. 비록 흔적만 남아 있지만 어마어마한 규모의 면적을 차지하는 절의 크기를 보고 든 생각이다.

폐사 이후 1,000년 가까이 빈터엔 집이 들어섰고 밭으로 경작됐다. 경내는 웬만한 마을 규모의 삶의 터전이었을 터다. 이곳이 고향이라는 사내의 말에 의하면 일대의 밭을 갈다 나오는 기와 편과

석재들에 쟁기 날이 부딪혀 골머리를 앓을 정도였다고 했다. 육중하고 큰 석재 당간지주가 세월의 더께를 뒤집어쓴 채 그대로 남아 있다. 우뚝 서 있는 높이로 보아 거기에 걸렸을 탱화나 괘불의 크기 또한 엄청났음을 짐작하겠다. 안쪽엔 아직도 정비 중인 꽤 큰 축사의 흔적과 철거되지 못한 집이 여러 채 있다. 옛 지명이 '절골'로 불리던 이유를 수긍했다.

전국의 뻔한 여행지와 관광명소에서 얻어낼 감흥이란 대개 비슷하다. 박제화된 정보와 규격화된 접근 방식 때문에 벌어진다. 역사에서 발췌한 이야기나 복원된 건축물들을 통해 어렴풋한 상상으로 시간의 틈을 메워나가는 일이 고작이다. 폐사지를 찾는 일은 조금 다르다. 한때 번성했을 절의 흔적만이 빈터에 남아 있다. 군데군데 건물의 주춧돌로 쓰였던 돌이 땅거죽을 뚫고 나왔으며 몇 개의 유구가 널려 있긴 하다. 여기에 조금 주의를 기울이면 일대에서 수습한 세월의 더께를 뒤집어쓴 석물들이 보존되어 있을 뿐이다. 사람도 없는 거대한 빈터를 어슬렁거리며 혼자만의 상상력으로 과거의 모습을 채워나가는 게 묘미다. 텅 비어 있어 찾아낼 것이 많고 상상과 유추의 행간을 마음대로 채워 넣을 내용이 생긴다. 형용모순의 공간에서 외려 쾌감을 느끼게 된다고나 할까. 로마를 찾았을 때 콜로세움이나 판테온보다 폐허만 남은 포로 로마노에서 로마의 실체가 더욱 풍부하게 연상되는 효과와 다를 게 없다.

　　　원주의 폐사지 가운데 법천사지가 강렬하게 다가온다. 믿기지 않는 절의 규모가 놀랍다. 절 때문에 마을이 생기고 장이 섰다는 말이 공허하게 들리지 않는다. 과거 물산의 집합소로 번성했던 남한강가의 마을에 들어선 절의 입지도 수긍된다. 왕의 스승인 왕사가 지은 절이니 어쩌면 당연한 일일지도 모른다. 다행히 온전한 형태로 남은 비석과 부도가 한때의 영화가 거짓이 아니었음을 증명한다. 우리 역사의 화려하고 정교했던 시기에 만들어진 걸작이 아무런 배경 없이 서 있는 당혹감의 수습이 전제이긴 하다.
　　　가르쳐주지 않아도 좋은 것을 알아보는 사람의 눈은 다 비슷하다. 지광국사탑비의 측면 용 조각 솜씨는 살아 움직일 듯 꿈틀거린다. 비의 상태는 믿어지지 않을 만큼 잘 보존되어 있다. 실물을 보는 순간 경탄부터 흘러나온다. 우리 문화의 자긍심을 더해줄 명품이다. 곁에 지광국사의 부도가 있었다. 표지판만 세워둔 빈터가 무슨 일이 생겼음을 짐작케 한다. 일제강점기 이 부도의 화려함에 눈이 먼 일본인 권세가가 오사카로 통째 옮겨놓는 만행을 저지른다. 이후 반환을 위한 노력이 이어져 우리나라로 다시 돌아오게 된다. 부도의 기구한 운명은 파행으로 이어졌다. 한국전쟁 때 포탄을 맞아 일부가 파손된 것이다. 이후 그 아름다움으로 국보 101호에 지정되었다. 우여곡절을 겪은 부도는 현재 용산 국립중앙박물관 야외전시장에 있다. 제자리로 돌려놓기로 한 결정이 나서 점검과 보수 중이라는 반가운 소식을 들었다.

박물관에서 실물로 보았던 지광국사 부도는 비례와 균형의
아름다움이 빛났다. 보물 중의 보물이라 해도 모자라지 않을 걸작이다.
화강암을 쪼아 만든 탑이라 믿기지 않을 만큼 섬세하고 정교하다. 국내외
미술사학자들은 신라를 돌의 나라로 칭송한다. 그 전통이 고려 때까지
이어져 왔던 것을 확인할 수 있다. 이 부도 하나로 우리 미술의 자부심이
더해질 정도다. 피렌체 두오모성당의 아름다움을 가톨릭에 국한하지
않듯 법천사지 또한 마찬가지다. 한국 문화의 진수를 실감케 할 문화재란
이유만으로 이곳을 찾아볼 이유는 넘치고 넘친다. 지금이라도 늦지
않았다. 한 나라의 자부심은 문화적 자존감에서 비롯된다. 알지 못하고
보지 못해 실감하지 못했던 우리 과거의 실체에 다가서는 일이 중요하다.
　　　그동안 우리는 지난 시간을 홀대하고 무지로 일관했다.
일부러라도 현장을 찾아볼 일이다. 다행히 텅 빈 폐허를 찾는 이들은
극히 적다. 이곳을 미리 공부해 전문성을 갖추고 상상력을 더한 행간
맞추기가 펼쳐지면 얻는 게 많다. 여행 금지의 답답함도 해소하고 늘어난
시간을 유용하게 바꾼다는 명분도 힘이 실린다. 법천사지와 일대의
폐사지를 둘러보는 일은 즐거움이다. 시간의 퍼즐을 풀어 뻔한 화제와
낡은 반복을 벗어보는 기회라면 좋지 않은가.

INNER SIDE

QUESTION 20 회상기

여행은
황혼을
모른다

임준수   언론인

여행은 국경을 초월한 우정을 맺는 계기를 마련한다. 나는 최근 한 이방인 친구로부터 80회 생일 축하 메시지를 받고 잠시 추억 여행에 잠겼다. 12년 전 방콕의 허름한 게스트하우스에서 만난 이후 끊임없이 메일을 교환한 이 독일 친구는 비록 멀리 떨어져 살아도 내 인생에서 빠트릴 수 없는 절친 리스트에 올라 있다. 4년 전 중풍으로 좌반신이 마비된 후에 그가 보낸 영문 메일은 언제나 대문자로 쓰여 있다. 오른손만 사용할 수 있기 때문이다. 지금은 포르투갈로 거처를 옮겨 혼자 사는 두 살 아래의 이 친구를 생각할 때마다 여행의 의미를 새삼 되새기게 된다. 이제는 실제 여행보다 과거로 여행하는 시간이 더 많아졌지만 나이가 들어서도 여장을 꾸려 어딘가로 떠나고 싶은 충동을 떨치기 어렵다.

어렸을 때 겁이 많았던 나를 일찍부터 역마살이 끼도록 이끈 두 불령(不逞)인간(?)이 있다. 사춘기 소년을 풍찬노숙의 길로 유혹한 김삿갓(김병연, 1807~1863) 시인과 다 늙도록 여행 중독에서 못 벗어나게 한 국제 유랑자 김찬삼(1926~2003) 교수가 그 장본인이다. 그러나 두 김씨는 인생의 황혼 녘에 이르도록 못 잊어 하는 추억 거리를 갖게 했으니 결과적으로 감사해야 할 은인이다.

고교생 시절의 첫 무전여행

고교생 때 거리에서 귀가 따갑도록 들은 대중가요가 있다. 전파상의 문전 마이크에서 흘러나오는 〈방랑시인 김삿갓〉이었다.

> 죽장에 삿갓 쓰고 방랑 삼천리
> 흰 구름 뜬 고개 넘어가는 객이 누구냐.

구성진 명국환의 목소리에 젖어 가사와 곡을 흥얼거리다 보니 김삿갓은 사춘기 청소년에게 하나의 아이돌로 떠올랐다. 그리고 마침내 '흰 구름 뜬 고개를 넘는 객'을 흉내 내기에 이르렀다. 고3이 되기 전의 겨울방학이 좋은 기회였다. 평소에 가고 싶었던 안면도로 행선지를 정한 나는 적당한 동행자를 물색했다. 김삿갓을 본받으려면

INNER SIDE

마땅히 혼자 떠나야 하나 그럴 용기가 나지 않았기 때문이다. 공짜로 숙식을 해결하려면 우선 남의 집 대문을 두드려야 하는데, 아무래도 누가 옆에 있어야 "이리 오너라" 소리가 나올 것 같았다. 다행히 구걸 이력이 풍부한 피난민 출신의 동급생이 동행자로 나섰다.

장항선에서 가장 큰 오일장이 섰던 광천에서 살았던 나는 장날마다 안면도에서 오는 장꾼 배를 이용하기로 하고 4박 5일로 일정을 잡았다. 장이 마감되면 독배항 앞바다는 안면도로 돌아가는 황포 돛배들의 행렬로 장관을 이루었다. 그 어선 중 한 척을 얻어 타고 안면도 남단의 고남항에 내려 5일 동안 무전여행을 한 것이다. 한국전쟁 중 북한에서 피난 오다가 아버지를 잃고 어머니와 광천에 정착한 동행자는 밥을 잘 주는 집을 골라내는 안목이 뛰어났다. 때마침 정월대보름 즈음이라 곳곳에 치성 음식이 많아 배를 곯지 않고 안면도를 왕복 종주할 수 있었다.

1960년대는 젊은이들에게 무전여행의 전성기였다. 지금 같으면 무전취식이나 무임승차는 당연히 처벌 대상이지만 60여 년 전의 인심은 젊은 여행자들의 애교 있는 범법에 관대했다. 열차가 역마다 서기 때문에 기차표를 안 사고도 용케 검표원을 피할 수 있었고, 잡혀보았자 훈계방면 이상의 처벌을 받지 않았다.

김삿갓 흉내는 대학에 들어가면서 다시 이어졌다. 첫 여름방학을
맞아 행선지를 멀리 제주도로 잡았다. 아무리 무전여행이지만 기본
자금은 있어야 하겠기에 어렵사리 마련은 했으나 그 방법이 좀
치졸했다. 자취방 옆에 사는 한 여성의 연애편지를 대필해 준 것이다.
종로의 유명 요정에서 호스티스로 일했던 그녀는 제주의 한 실력자와
내연의 관계였다. 세 번째 써준 편지에는 "제주로 여행가는 대학생을
만나면 잘 봐주라"는 내용을 넣었다. 그 결과로 양쪽에서 2,000원씩
받았다. 1960년 여름의 일이다.

제주 여행은 험난했다. 열차에 몰래 승차하여 목포까지는 잘
갔으나 제주로 가는 여객선에서는 그런 편법이 안 통했다. 출항 전날
선창가에서 노숙을 하며 가까이한 여객선 기관사의 도움을 받아
무임승선에 성공했다. 개찰 전 짐 싣는 시간을 이용하여 기관실에
미리 숨어 검표원의 눈을 피한 것이다. 제주 첫날은 한라산 밑에 있는
관음사에서 잠자리와 두 끼의 공양을 신세 졌다.

제주도와 남해안을 돌아본 20여 일간의 여행 중 겪은 잊을 수
없는 세 가지 추억이 있다. 첫 번째는 남한 최고봉인 한라산을 오른
감격이고, 두세 번째는 서귀포와 구례의 한 민가에서 과분한 신세를 진
것이다. 서귀포에서는 그곳 초등학교 교실에서 자다가 도난당한 신발을
한 주부가 변출해주었고, 구례에서는 한 농가의 젊은 며느리가 따뜻한
점심을 차려 주었다. 아들의 운동화를 내준 아주머니는 7·29선거에서
패배한 낙선자의 아내였고, 구걸자의 허기를 채워준 새댁은
'김진규'라는 유명배우의 이름을 가진 중학생의 형수였다. 그로부터
40년 뒤 구례 면사무소에 가서 김진규를 찾았으나 끝내 못 찾았다.

배낭 메고 혼자 여행하는 재미

김삿갓에 이어 나의 새로운 아이돌로 떠오른 여행자는 세계를 떠돈
김찬삼 교수였다. 그를 알게 된 것은 1970년 중앙일보 기자로 있을
때다. 그의 여행기 《세계의 나그네》를 편집한 것이 계기가 되었다. 처음
만났을 때 그는 40대의 깡마른 체구에 피부는 검게 그을려 있었다. 당시
두 차례 세계 일주를 마친 그는 "세계 어디를 가도 통하는 국제 언어는

미소"라는 말로 김삿갓 후예의 해외 배낭여행을 부추겼다.

  김찬삼식 해외여행을 시작한 때는 그를 만난 지 10여 년 만이었다. 신문기자로 몇 차례 해외 출장 경험을 쌓은 나는 30대 중반에 들어 생각지도 않은 미국 유학을 하게 되면서 벼르던 장거리 배낭여행의 기회를 잡았다. 겨울방학을 이용하여 로스앤젤레스에서 뉴욕까지 4,000여 마일(6,000킬로미터)을 왕복하는 미 대륙 횡단 여행을 한 것이다. 교통편은 100달러만 내면 한 달 동안 무제한 탑승이 가능한, 전미(全美) 노선을 운행하는 그레이하운드 할인 버스였다.

  뉴욕으로 가는 편도의 중간 기착지는 라스베이거스-그랜드캐니언-덴버-시카고-버펄로(나이아가라 폭포)로 정했다. 로스앤젤레스로 오는 귀로는 워싱턴-내슈빌-아칸소-피닉스를 경유하는 남부 코스를 택했다. 1977년 1월 1일 아침, 얼어붙은 나이아가라 폭포 근처를 배회하다가 로지 하우스의 5층 베란다에서 한 여성이 "해피 뉴 이어"를 외치며 던져주는 맥주 깡통을 받았다가 며칠간 한 손을 못 쓰는 부상을 입었다.

  해외여행을 하는 즐거움 중의 하나는 친구를 사귀는 것이다. 재미와 함께 얻는 것도 많다. 1995년 스톡홀름에서 만나 오래 사귄 한 인도 청년에게서는 불교 유적지로 유명한 아우랑가바드(Aurangabad)의 시장인 그의 매형을 소개받아, 2002년 인도 여행 중 융숭한 대접을 받았다. 서두에서 언급한 것처럼 2009년 방콕의 여행지 카오산 로드에서 만난 뒤에 이메일 친구가 된 독일 화가는 2014년 포르투갈의 해안도시 타비라(Tavira)에 있는 자신의 집에서 한 달 동안 묵게 해주었다. 몇 해 전 중풍에 걸려 거동이 어렵게 된 이 불운의 독거노인을 찾아가 잠시나마 뒷바라지를 해주어 신세를 갚는 것이 나에게 남은 숙제다.

  여행에는 고통이 따르게 마련이다. 때로는 봉변을 당하기도 한다. 2015년 터키의 카파도키아에서는 방범이 취약한 동굴 방에서 자다가 지갑을 털렸고, 2019년 인도의 콜카타역에서는 한눈파는 사이에 배낭을 도난당했다. 그런데 고비 때마다 신기하게도 어려운 문제가 풀렸다. 도난 사고가 일어난 게스트하우스는 숙박비를 탕감해주었고, 옷이 든 배낭을 잃고 추운 인도 북부를 여행할 때는 티베트의 한 여행자가 여벌의 옷을 주었다.

황혼 여행자는 유서 휴대를

인간은 나이가 들어도 '길 위의 사람', 즉 호모 비아토르가 될 수밖에 없다. 특히 은퇴 후에는 여행 본능을 충족할 기회가 많아서 좋다. 그렇지만 노년의 여행에는 체력이 달리는 문제가 따라서 부담스럽다. 그래도 일본의 저명한 작가 소노 아야코는 "여행지에서 죽는 한이 있더라도 여행을 하라"는 계명을 내놓았다. '노인의 수칙(계로록)' 17항에서 이 같은 여행지침을 제시한 그녀는 만일의 사태에 대비하여 자필로 쓴 '화장 승낙서'를 휴대하라고 권했다.

"여행은 젊어지는 길"이라고 안데르센은 말했다. 육체는 늙더라도 정신적으로 젊음을 지키는 것은 나이 든 사람에게 필수다. 그래서 나는 소노 여사의 17계명에 공감하여 2년 전 인도 여행 때는 영문으로 된 다음과 같은 내용의 자필서를 휴대했다.

> 나의 죽음을 발견한 당신에게 간절히 요청합니다. 부디 나의 시신을 화장하여 그 유해를 적절히 처리해주십시오. 그리고 그 사실을 한국 대사관과 나의 가족에게 알려주기 바랍니다. 만일 당신이 나의 부탁대로 해준다면 당신은 그 친절에 대한 사례금으로 3,000달러를 내 가족으로부터 받을 권리가 있음을 확인합니다. 내 지갑에 든 현금은 나의 시신 처리 비용으로 쓰는 것을 허락하며, 초과된 금액은 나의 가족이 변제해줄 것입니다. 나의 시신을 처리해준 당신에게 하나님의 가호와 축복이 있기를 빕니다.
>
> 연락처 내 아내 xxx xxxx xxxx 내 아들 xxx xxxx xxxx

에필로그

orioll 지금 나는 무엇을 위한 여행을 하고 있을까. 어떤 여행의 시간을 거쳐왔고, 어떤 여행을 남겨두고 있을까. 기나긴 수만 겁 여정을 모두 합쳐보면 그 중심을 이루는 어떤 목적이 있을까. 있다면 무엇을 향하고 있을까. 갈아 끼우는 필름처럼 찰나찰나 이어가는 오늘의 여정들, 그것은 다음 티켓을 준비하는 일! 이번 여행의 연착륙과 무사 귀환을 꿈꾸며….

WHO? 이번 호도 당신에게 가닿기 위해 다양한 시도를 이어갔다. 여행을 할 수 없는 상황에서 여행을 상상하며 여행의 모든 욕망과 가능성을 담아보았다. 고고학자의 '짠내투어'에서 랜선 여행, 우주여행, 황혼 여행까지…. 자 이제 물리적 한계를 넘어 마음껏 떠나보시길. 무엇이 되기 위해서 우리는 떠나야 한다. 자유를 얻기 위해서라면 더더욱.

Y 처음으로 다른 대륙에 도착한 날. 비행기에서 내리니 눈앞에 완전히 다른 세상이 펼쳐진 것만 같았다. 거기나 여기나 뭐가 다를까? 결국 누군가의 일상이 있는 또 다른 공간일 뿐. 내심 그렇게 생각하던 나는 그곳에서 '일상인'이 아닌 '여행자'로 존재했고, 그 차이는 꽤 컸다. 코로나 시대를 넘어 다시 '여행자'로 존재할 수 있는 날을 기다리며 여행에 대한 글을 읽어 내리는 재미는 각별했다. 하나의 주제가 이리 다양하게 변주될 수 있다는 사실에 매번 놀란다. 이번에도 《매거진 G》의 여행자로 함께해주시길.

골드맨　여행에는 저마다의 의미가 담긴다. 10대와 20대 그리고 30대 때 나에게 여행은 각각 일탈과 즐거움 그리고 비일상을 뜻했다. 남들에게 보여주기 위한 여행을 한 적도 있다. 상황과 감정에 따라, 그렇게 여행의 의미는 변해왔다. 40대, 50대 그리고 60대의 나에게 여행은 어떤 의미로 다가올까. 우리는 왜 여행하는지, 우리에게 여행은 어떤 의미인지 찾아보는 시간이 되길 바란다.

wood0101　처음 홀로 해외여행을 떠난 곳은 인도 바라나시였다. 구불구불하고 좁은 골목을 지나, 호객꾼들을 힘들게 상대하면서 도착한 허름한 숙소. 그곳 옥상에서 본 갠지스강의 모습은 그 어떤 여행지보다 선명한 기억으로 남았다. 블루는 잘 지낼까? 이번 호의 원고를 들여다보면서, 여행지에서 만난 이들의 안부를 묻고 싶었다. 이런 세상이라도 다들 잘 살아내기를 바란다. 지금의 고립이, 단지 여행의 소중함이 아니라 관계의 소중함을 느끼는 계기가 되었으면 좋겠다. 바라나시를 떠날 때 나도 모르게 내 몸에 잔뜩 묻어 있던 탄내처럼, 지나고 나서야 소중함을 느끼게 되는 것들이 있으니까 말이다.

SB　여행 짐을 꾸릴 때면 책을 싸 갈지 말지 망설이게 된다. 넣자니 무게가 부담스럽고 빼자니 왠지 허전하고. 무겁게 싸 들고 가서 몇 쪽 펼쳐 읽고 만 적이 꽤 있는데도, 집을 나서기 직전 얇은 책 한두 권을 기어코 슥 밀어 넣고 만다. 나날의 의무에서 벗어나 미지의 장소로 향하는 일과, 타인의 생각으로 나를 채우는 일 사이에 끈끈한 연관성이 있다는 듯이. 여행이 어려워진 시대에 여행을 이야기하는 책을 편집하며, 다음 내 여행과 함께할 책을 생각했다.

컨트리뷰터

김원영 변호사. 《실격당한 자들을 위한 변론》, 《사이보그가 되다》 등을 썼다. 서울에서 변호사로 일한다.

전명윤 여행작가. 아시아 역사문화 개인연구자. 2003년 인도 여행 안내서를 낸 이래 현재까지 11권의 여행안내서와 에세이, 그리고 역사책을 집필했다. 여행작가가 본업이지만, 막상 매체 기고에서는 여행이 아닌 국제 시사, 정치 이야기를 주로 하기 때문에 정체가 뭐냐는 이야기를 자주 듣는다.

임희선 작가. cucurrucucu 대표. 세심한 시선으로 일상의 순간을 글과 이미지로 기록한다. 출판사 cucurrucucu를 운영하며 기록한 이야기를 함께 나눌 수 있는 방법을 고민한다. 지은 책으로는 그림 에세이 《침묵의 바위》, 《괴산 일기》와 사진 에세이 《모래섬 D469》가 있다.

정하진 작가. 서울에서 나고 자라, 현재 독일 예술대학에서 회화를 공부하고 있다. 회화, 만화, 일러스트레이션 등 평면 작업으로 주변의 이미지를 담는다. 최근에는 북바인딩과 북디자인, 글과 일러스트레이션 등 손에 담을 수 있는 그림을 만드는 것에 관심이 있다. 지은 책으로 《베를린 그림일기》가 있다.

기시 마사히코　사회학자. 일본 리츠메이칸대학교 대학원
(岸政彦)　　첨단종합학술연구과 교수. 전후 오키나와의
　　　　　　노동력 이동과 아이덴티티, 피차별부락의 구조와
　　　　　　변용, 사회조사방법론, 생활사 방법론 등을 주로
　　　　　　연구한다. 국역된 저서로《단편적인 것의 사회학》,
　　　　　　《망고와 수류탄》,《거리의 인생》,《처음 만난
　　　　　　오키나와》등이 있다.

강인욱　　　고고학자. 초등학교 때부터 한민족의 기원을
　　　　　　밝히겠다는 장래희망을 꿈꾼 이래 평생의 직업으로
　　　　　　고고학을 택했다. 현재 경희대학교 사학과 교수로
　　　　　　재직하면서 유라시아 일대를 다니며 유적과 유물을
　　　　　　조사한다. 대표적인 저서로《테라 인코그니타》,
　　　　　　《강인욱의 고고학 여행》이 있다.

박세진　　　인류학자. 프랑스 사회과학고등연구원(EHESS)에서
　　　　　　사회인류학·민족학 박사학위를 받았다. 경북대학교와
　　　　　　제주대학교에서 인류학과 사회학을 강의하고 있으며,
　　　　　　인류학적 사회이론의 모색이라는 지향하에서
　　　　　　연구를 수행하고 있다. 최근 발표한 글로는 "관찰
　　　　　　공정으로서의 교환", "증여와 사회/공동체: 이론적
　　　　　　접합의 모색", "프로파간다라는 시선을 넘어서:
　　　　　　수령님 노래와 어버이의 나라"가 있다.

안진국　미술평론가. 동시대의 다채로운 사유체계에
　　　　관심을 가지고 있으며, 그 변화를 관찰하고
　　　　있다. 홍익대학교에서 미술과 국어국문학을
　　　　공부했으며, 2015 조선일보 신춘문예 미술 평론에
　　　　당선되면서 평론을 시작했다. 최근 저서로 《불타는
　　　　유토피아》와 《한국현대판화 1981-1996》가
　　　　있으며, 공저서로 《비평의 조건》과 《기대감소의
　　　　시대와 근시 예술》이 있다.

김선오　시인. 2020년 시집 《나이트 사커》를 통해 작품
　　　　활동을 시작했다. 시를 중심으로 다양한 텍스트
　　　　작업을 하고 있다.

이민지　사진가. 본 것과 못 본 것을 찍고 있다. 찍은
　　　　것들의 시-차를 가늠하며 이런저런 문장을
　　　　붙이기도 한다. 그런 것들을 모아 개인전 〈사이트-
　　　　래그〉(합정지구, 2018)를 열고 사진책 《그때는
　　　　개를 제대로 잘 묻는 것이 중요하다고 생각했다》를
　　　　만들었다. 몸과 몸짓들을 관찰하며, 개인전
　　　　〈고스트 모션〉(갤러리조선, 2021)을 열었다.

심너울　소설가. 단편집 《나는 절대 저렇게 추하게 늙지
　　　　말아야지》, 《땡스 갓 잇츠 프라이데이》와 에세이
　　　　《오늘은 또 무슨 헛소리를 써볼까 - 책상생활자의
　　　　최유행 아포칼립스》를 출간했다. 근미래 기술과
　　　　사회의 상호작용에 대한 이야기에 관심이 많다.

박한선　신경인류학자. 서울대학교 인류학과에서 '진화와 인간 사회'에 대해 강의하고 '정신의 진화 과정'을 연구한다. 우리가 일상에서 겪는 마음의 문제가 어디서 어떻게 비롯하는지 해석하고 진단하는 글을 여러 매체에 활발히 발표하고 있다. 지은 책으로 《내가 우울한 건 다 오스트랄로피테쿠스 때문이야》, 《마음으로부터 일곱 발자국》, 《포스트 코로나 사회》(공저), 《감염병 인류》(공저) 등이 있고, 옮긴 책으로 《여성의 진화》, 《진화와 인간 행동》 등이 있다.

김대식　뇌과학자. KAIST 전기및전자공학부 교수다. 뇌과학의 최신 연구 성과와 동서양의 인문학 지식을 바탕으로 인류의 과거와 현재, 미래를 성찰해왔다. 인공지능이 야기할 인간의 자아 위기 등 곧 닥칠 미래의 화두를 앞장서 제시하고 있다. 《김대식의 키워드》, 《당신의 뇌, 미래의 뇌》, 《김대식의 인간 VS 기계》, 《김대식의 빅퀘스천》 등을 썼다.

전현우　교통 연구자. 과학철학을 연구하던 와중, 일상의 여러 공간을 잇는 교통의 마력에 심취하여 본격적으로 교통을 탐구하기 시작했다. 특히 잘 개발된 거대 도시에서 주로 찾아볼 수 있는 철도망의 존재 조건에 대해 따져보는 것을 좋아한다. 2020년 《거대도시 서울 철도》[제61회 한국출판문화상 저술(학술)상 수상]에서 오늘의 서울 거대 도시권에 존재하는 철도망을 가능하게 만든 다양한 조건들과 그 개선 방향을 검토하는 작업을 진행했다. 현재 서울시립대 자연과학연구소에서 교통에 대한 관심을 더 발전시킬 방향을 모색하고 있다.

황정아　물리학자. KAIST 물리학과에서 박사학위를 취득하였으며, 한국천문연구원에서 지구방사선대 연구와 우주물리 탑재체 개발을 수행하고 있다. 과학기술연합대학원대학교 한국천문연구원 캠퍼스대표교수로 재직 중이다. 국가우주위원회 위원, 한국과학창의재단 이사 등을 역임했다. 정지궤도복합위성 추진위원회 위원, 425사업 자문위원, 한국연구재단 우주기술 분야 전문위원으로 일하고 있다. 2021년 말 우주로 발사할 4기의 편대비행 위성 SNIPE의 시스템 총괄 엔지니어로 일하고 있다. 지은 책으로《우주날씨 이야기》,《우주날씨를 말씀드리겠습니다》,《과학자를 울린 과학책》,《첨단기술의 과학》등이 있다.

전홍진　정신건강의학 전문의. 성균관의대 삼성서울병원 정신건강의학과 교수다. 하버드의대 매사추세츠 종합병원 우울증임상연구센터(MGH DCRP)에서 모리조 파바 교수의 지도하에 연수를 했고 자문교수를 역임했다. 2017~2021년 보건복지부 위탁 중앙심리부검센터 센터장을 지냈다. 현재 삼성서울병원 디지털치료연구센터 센터장, 한국생명존중희망재단 이사, 성균관대 삼성융합의과학원 겸임교수를 맡고 있다. 미국과 한국의 우울증 환자 비교 연구를 진행했고, 우울증, 치매, 스트레스에 대한 치료 및 연구를 해왔다. 자살예방에 대한 연구 활동 및 유족 지원, 중앙심리부검센터 센터장으로서의 공로로 보건복지부 장관 및 국무총리 표창을 수상했다. 저서인《매우 예민한 사람들을 위한 책》은 출간 즉시 베스트셀러에 올랐으며 10만 권 이상 판매되었다. 중국어로 출판이 되었으며, 타이완과 베트남에 판권이 수출되었다.

정연주　푸드 에디터. 성균관대학교 법학과를 졸업하고 사법시험 준비 중 진정 원하는 일은 '요리하는 작가'임을 깨닫고 방향을 수정했다. 이후 르 코르동 블루에서 프랑스 요리를 전공하고, 푸드 매거진 에디터로 일했다. 현재 푸드 전문 번역가이자 프리랜서 에디터로 활동하고 있다. 《SOURDOUGH 사워도우》, 《빵도 익어야 맛있습니다》, 《프랑스 쿡북》 등을 옮겼고 《온갖 날의 미식 여행》을 썼다. 유튜브 푸드 채널 '페퍼젤리컴퍼니'를 운영하고 있다.

한자경　철학자. 이화여자대학교 철학과 교수다. '나는 누구인가', '인간이란 무엇인가', '왜 사는가' 등의 답을 찾지 않고선 진정한 행복에 이를 수 없다는 확신으로 철학 공부를 시작했다. 동서양 철학을 종횡무진 넘나들며 깊고 다양한 연구와 저술 활동을 하고 있다. 지은 책으로 《칸트와 초월철학》, 《자아의 연구》, 《자아의 탐색》, 《유식무경》, 《동서양의 인간이해》, 《일심의 철학》, 《불교철학의 전개》, 《불교의 무아론》, 《칸트 철학에의 초대》, 《나를 찾아가는 21자의 여정》, 《명상의 철학적 기초》, 《한국철학의 맥》, 《헤겔 정신현상학의 이해》, 《대승기신론 강해》, 《화두》, 《선종영가집 강해》, 《심층마음의 연구》, 《마음은 이미 마음을 알고 있다: 공적영지》, 《성유식론 강해》, 《마음은 어떻게 세계를 만드는가: 일체유심조》 등이 있다.

윤광준   작가. 1997년 이후 글 쓰고 사진 찍는 작가로
　　　　활동하며 열여섯 권의 책을 펴냈다.《소리의 황홀》,
　　　　《생활명품》,《심미안 수업》등의 베스트셀러가
　　　　있다. 일상을 예술처럼 살자는 지론으로
　　　　아름다움을 탐구하고 좋은 사람과 물건을
　　　　가까이하는 일을 멈추지 않고 있다.

임준수   언론인. 1941년 충남 태안군 근흥면에서
　　　　태어났다. 광천상고와 한국외국어대학교
　　　　영어과를 졸업하고 언론인 장학생으로 미국
　　　　캘리포니아주립대학교에서 수학했다. 1965년
　　　　신아일보 수습기자로 언론계에 첫발을 디딘
　　　　후 35년 동안 동양통신, 조선일보, 중앙일보,
　　　　한국경제 등을 거치며 언론인으로 일했다. 은퇴
　　　　후에는 젊은 날의 취미대로 해외 배낭여행을
　　　　자주 하여 잡지에 여행기를 연재하기도 했다.
　　　　지은 책으로《민병갈, 나무 심은 사람》,《신문은
　　　　편집이다》,《신문을 아름답게》등이 있다.

Contributors
김원영, 전명윤, 임희선, 정하진, 기시 마사히코, 강인욱,
박세진, 안진국, 김선오, 이민지, 심너울, 박한선,
김대식, 전현우, 황정아, 전홍진, 정연주, 한자경,
윤광준, 임준수, 강혜빈, 서이제, 서장원, 우다영

Chief Creative Director
김대식

Editors
곽성우, 윤정기

Proofreading
이정란

Advisers
김윤경, 강영특, 김동현, 이경희, 정윤수

Graphic & Editorial Design
일상의실천

Marketing
윤준원, 고은미, 이현영, 박인지

Media Promotion
최정은, 이한솔, 남궁다연

Production & Distribution
김주용, 박상현, 정충현

Publisher
고세규

ISSUE 3 MAGAZINE G

우리는 왜 여행하는가?

발행일	2021년 8월 30일
발행처	김영사
등록	1979년 5월 17일(제406-2003-036호)
주소	경기도 파주시 문발로 197(문발동)
	우편번호 10881
전화	마케팅부 031)955-3100
	편집부 031)955-3200
팩스	031)955-3111
홈페이지	gimmyoung.com
블로그	blog.naver.com/gybook
페이스북	facebook.com/gybooks
이메일	bestbook@gimmyoung.com

© 김영사, 2021
이 책은 저작권법에 의해 보호를 받는 저작물이므로
저자와 출판사의 허락 없이 내용의 일부를 인용하거나
발췌하는 것을 금합니다.

값은 뒤표지에 표시되어 있습니다.
ISBN   978-89-349-8000-1 04100
        978-89-349-8900-4 세트

좋은 독자가 좋은 책을 만듭니다.
김영사는 독자 여러분의 의견에 항상 귀 기울이고
있습니다.